Theologie interkulturell
Band 4

Die Reihe „Theologie interkulturell“
wird herausgegeben von „Theologie interkulturell“ e. V.
am Fachbereich Katholische Theologie
der Johann-Wolfgang-Goethe-Universität Frankfurt am Main.

John D'Arcy May

CHRISTUS INITIATOR

Theologie im Pazifik

Patmos Verlag
Düsseldorf

MEINEN EIGENTLICHEN LEHRERN,
DEN FREUNDEN UND KOLLEGEN
AUF DEN PAZIFISCHEN INSELN,
IN SÜDOSTASIEN UND AUSTRALIEN,
IN DANKBARKEIT GEWIDMET.

CIP-Titelaufnahme der Deutschen Bibliothek

May, John d'Arcy:
Christus Initiator : Theologie im Pazifik
John D'Arcy May. – 1. Aufl. – Düsseldorf : Patmos-Verl., 1990
(Theologie interkulturell; Bd. 4)
ISBN 3-491-77791-7
NE: GT

 1. Auflage 1990
Umschlaggestaltung: Peter J. Kahrl, Neustadt/Wied
Die Karte auf S. 18/19 in der Projektion von Arno Peters wird wiedergegeben
mit freundlicher Genehmigung des Autors und der
Akademischen Verlagsanstalt Vaduz.
Gesamtherstellung: Lengericher Handelsdruckerei, Lengerich
3-491-77791-7

Inhalt

Vorwort

Anläßlich seiner Verabschiedung aus dem Amt des Generalsekretärs des Ökumenischen Rats der Kirchen mahnte Philip Potter, daß der Aufgabe eines ‚Dialogs der Kulturen' in der ökumenischen Diskussion viel größere Beachtung als bisher geschenkt werden müsse. Dieses Buch ist ein theologischer Beitrag zu solchem Dialog. Es erschließt uns den Südpazifik als theologischen Kontext – ein Randgebiet scheint es, doch von exemplarischer Bedeutung.

Noch während der Weltmissionskonferenz in Melbourne im Jahre 1980 blieb der Südwestpazifik für die Wahrnehmung der Delegierten und dann auch in der Berichterstattung ein allenfalls blasser Hintergrund. Während der drei Jahre später tagenden Vollversammlung des Ökumenischen Rates der Kirchen in Vancouver – am Rande des Nordpazifik also – war dies schon anders. Der ganzen Ökumene, vor allem aber der Christenheit des Nordens, wurde dieser Kontext eindringlich nahegebracht, und zwar besonders durch Frauen aus dem Südpazifik. Sie machten die Delegierten und uns aufmerksam auf die neuerliche, nunmehr nukleare Kolonisierung des Südpazifik und die unermeßlichen Folgen solcher Politik für das Leben der Ihren wie für unser aller Leben. So gaben sie während jener Vollversammlung zusammen mit der Delegation der DDR einen entscheidenden Anstoß dazu, daß der konziliare Prozeß für Frieden, Gerechtigkeit und Bewahrung der Schöpfung in Gang gekommen ist. In theologischer Hinsicht blieb der Südpazifik in der ökumenischen Diskussion blaß, denn auch jenes eher spielerische Bildwort von der ‚Kokosnußtheologie' könnte eine theologische Interpretation der Region allenfalls anregen.

Vielleicht wird die nächste Vollversammlung des Ökumenischen Rates der Kirchen, die im Frühjahr 1991 in Canberra – also wiederum in Australien – zusammenkommen soll, dann den Südpazifik nicht mehr als Staffage, sondern als Kontext mit eigener Bedeutung zur Kenntnis nehmen. Man kann allerdings den Südpazifik einschließlich Australiens und Neuseelands, etwas pointiert gesagt, auch als den ‚Süden des Nordpazifik' sehen. Gerade in dieser Zuordnung bilden

Süd- und Nordpazifik dann, wie John May einleitend zu Recht hervorhebt, das „neue Mittelmeer“, ein Mittelmeer, das aus unserer nördlichen Perspektive freilich eben nicht mehr das ‚mare nostrum‘ darstellt, wie die Römer das Mittelmeer ihres Imperiums gerne genannt haben.

‚Mare nostrum‘, ‚unser Meer‘ schien der Südwestpazifik ja einmal zu sein, nämlich als wir im Wettlauf zur Verteilung des ‚Restes der Welt‘ u. a. die Karolinen, Palau, einen Teil Samoas und vor allem Neuguinea, damals bei uns Kaiser-Wilhelm-Land genannt, zu ‚unseren‘ Kolonialgebieten und im Gefolge dann jedenfalls teilweise auch zu unseren Missionsgebieten gemacht haben. Aber das war, wie wir zunehmend deutlich erkennen können, nur ein Zwischenspiel. Jedenfalls sind die politischen Beziehungen zwischen dem damaligen Deutschen Reich und Ozeanien abgerissen. Doch die kirchlichen Beziehungen lebten weiter und gaben auch theologisch zu denken. In Melanesien ist eine bodenständige Christenheit entstanden. Walter Freytag hat seine grundlegenden Entdeckungen zur Eigenständigkeit der Überseeischen Christenheit nicht zuletzt am melanesischen Kontext gewonnen, und Jochen Margull hat diesen Ansatz dann weitergeführt zur Vermutung einer ‚Tertiaterranität‘ des Christentums, das sich nun anschickt, aus der Prägung des europäischen Mittelmeerraums herauszutreten. Hier knüpft John May mit seinem Buch an und führt uns ein Stück weiter.

‚Christus Initiator‘ – wird sich Christus im melanesischen Kontext als Kulturheroe, also als Stifter einer christlich inspirierten Kultur, erweisen oder als Anfänger eines Glaubens, von dem man nicht sagen kann, daß er im Kontext virtuell immer schon enthalten gewesen wäre? Es geht also im Kern um Identitätsverlust und Identitätsgewinn in dem sich rapide wandelnden Kontext ‚Südpazifik‘. Dazu hat John May ein aus den Erfahrungen seines Wirkens beim Nationalen Kirchenrat, beim Melanesian Council of Churches und aus seinen Beiträgen zur Studienarbeit des Melanesian Institute, eines wichtigen ökumenischen Impulsgebers in Papua-Neuguinea, gespeistes Buch geschrieben, das die von Philip Potter angemahnten Aufgaben fördert.

Hamburg, im März 1989 *Theodor Ahrens*

Einführung: Der neue Pazifik als neues ‚Mittel-Meer‘

Es erweist sich als nicht leicht, das Bild vom entstehenden ‚neuen Pazifik‘ nach Europa hin zu vermitteln, selbst für einen Australier, der mehrere Jahre in Deutschland gelebt hat und zwischen 1983 und 1987 in Papua-Neuguinea für ökumenische Organisationen arbeitete. Europa, wie immer über die übrige Welt gut informiert, scheint doch hauptsächlich mit sich selbst beschäftigt zu sein. Von hier aus gesehen ist der Pazifik ein großer blauer Fleck auf der Weltkarte, exotisch vielleicht, aber kaum relevant. Souveräne Urteile aus dem 19. Jahrhundert – ‚asiatische Produktionsweise‘ (Marx/Engels), ‚geschichtslose Völker‘ (Hegel) – fallen einem ein, sonst nicht viel.

Im Falle Deutschlands mag diese Pazifikvergessenheit daran liegen, daß es seine Kolonien bereits zum Beginn des Ersten Weltkriegs verlor, insbesondere die Plantagen der Neuguinea-Kompagnie. Mit der bedeutenden Ausnahme von Hongkong entließ Großbritannien seine verbleibenden Pazifik-Kolonien, wie Singapur und Fidschi, nach dem Zweiten Weltkrieg in die Unabhängigkeit. Nur die Franzosen plagen sich noch mit der Fiktion herum, ihre polynesischen Besitztümer und das von französischen Einsiedlern überfremdete Neukaledonien seien ‚Bestandteile Frankreichs‘. Zwar muß die westeuropäische Wirtschaft, die sich anschickt, bis 1992 zu einem nicht nur gemeinsamen, sondern einheitlichen Markt zu werden, sich gegen die Konkurrenz aus Japan und den ASEAN-Ländern Südost-Asiens wehren; Europa wird sich der Bedeutung eines neuerwachenden China bewußt; der Tourismus erreicht Bangkok und Bali. Doch ein Sinn für den Pazifik als ganzen, als entstehenden politischen und kulturellen Kontext, als neuen ‚Geist‘, fehlt fast völlig.

In dieser Arbeit liegt mir daran, gerade aus theologischer Sicht das fehlende Pazifik-Bild mindestens im Entwurf zu zeichnen, nicht nur weil ich Australier bin und die Beziehungen zu den Pazifik-Völkern mir viel bedeuten, sondern vor allem deshalb, weil ich von Beruf Ökumeniker bin. Was auch immer die Weltwirtschaft und die Supermächte daraus machen, für die christlichen Kirchen erwächst vom Pazifik her eine noch kaum geahnte Herausforderung. Wenn diese rechtzeitig aufgenommen wird, können die Pazifik-Völker viel zur Wiederbelebung des ermüdenden christlichen Glaubens in Europa beitragen; wenn nicht – und das heißt auch: wenn keine in Kulturen und Kontexten des Pazifik verwurzelte Theologie zustandekommt und von der Ökumene anerkannt wird – werden wir nie wissen, was Christus diesen Menschen bedeutet hat und uns durch sie sagen wollte.

Ich versuche deshalb gleich zu Beginn den neuen Pazifik provisorisch zu skizzieren und seine Relevanz anzudeuten (0.1), mit besonderer Berücksichtigung der großen Kulturgebiete, die den Schwerpunkt der theologischen Darstellung dieses Buches bilden werden (0.2), um dann den Aufbau der Darstellung näher zu erläutern (0.3).

0.1 „Am Zusammenfluß vieler Gewässer"

Das, was ich mit dem ‚neuen Pazifik' meine, ist am ehesten zu erfassen, wenn man sich auf die Funktion des Mittelmeeres in der europäischen Antike und Geschichte besinnt. Sobald die Griechen Kolonien gründeten, aber erst recht nachdem die Römer Palästina und Nordafrika in ihr Imperium einverleibt hatten, schien dieses Meer tatsächlich ‚in der Mitte der Erde', der ‚bewohnbar gemachten Welt' (oikumenē gē) zu liegen. Es war keine Barriere mehr, die die Weltteile voneinander trennte, sondern eine verbindende Straße, eine wässerige Membrane, die eine Osmose der Anrainerkulturen ermöglichte. Für den Apostel Paulus war es eine Selbstverständlichkeit, dieses bereitstehende Kommunikationsmedium für die Verbreitung des Evangeliums voll auszunutzen, bis hin zum ‚Tor der Welt' an der Meeresenge zwischen Spanien und Nordafrika, jenseits dessen nur noch die untergegangene Stadt Atlantis vermutet wurde. Jahrhunderte später strömten muslimisch gewordene Araber auf dem Seeweg nach Spanien hinein und trafen ins Herz des gerade im Entstehen begriffenen Europa. Die Kulturvermittlung, die die Araber auf diese Weise leisteten, war für die geistige Befruchtung des Mittelalters und der Renaissance entscheidend.

Man nehme nun eine Weltkarte, die um den Pazifik herum angelegt ist (da diese noch rar sind, mag es nötig sein, eine herkömmliche europazentrierte Weltkarte entzweizuschneiden und die Hälften zu vertauschen!; siehe die Pazifik-Karte auf S. 18/19), und betrachte die

Anrainerstaaten des Pazifik: Hoch im Norden die Fast-Berührung der zwei Supermächte über der Bering-See; tief im Süden die noch kaum berührte, aber bereits unter den Nationen aufgeteilte Antarktis, überwacht von den zwei Außenposten verpflanzter europäischer Kultur, Australien und Neuseeland; rechts die Westküste der Vereinigten Staaten, von der her kulturelle Fühler ausgestreckt werden nach Ostasien und Polynesien; darunter die Pazifik-Küste Lateinamerikas; links die vibrierenden Wirtschaftszentren Japan und Südkorea, Hongkong, Taiwan und Singapur, mit den aufstrebenden aber von inneren Konflikten zerrissenen Regionalmächten Malaysia und Indonesien und den Konfliktherden Indochinas und den Philippinen; und in der Mitte, wie eine Widerspiegelung der Milchstraße am nächtlichen Himmel, die pazifischen Inseln, menschlich bewohnte Landspitzen dicht neben Meerestiefen, die Menschen noch nie sondiert haben.

Unser Streifzug hat uns mit fast allen bedeutenden Religionsgemeinschaften der Menschheit in Berührung gebracht: Mit den einheimischen Bewohnern Nordamerikas, Mexikos und Perus; mit den Buddhisten Ostasiens und den Muslimen Malaysias und Indonesiens; mit den Hindus auf Fidschi und den Christen auf den Philippinen; mit den Stammesgemeinschaften der Inseln und den Ureinwohnern Australiens. Man stelle sich dann vor, diese kaum zu fassende Vielfalt gerate in Bewegung, die gähnenden Entfernungen des Meeres würden auf dem Luftweg überbrückt; es finde so etwas wie eine ‚kulturelle Implosion' statt, eine Verdichtung im Bewußtsein eines jeden dieser Kulturträger von den Einwirkungen aller anderen; es entstehe allmählich ein ‚pazifisches Subjekt' (ein Hinweis, den ich dem Begleitseminar zur Frankfurter Vorlesung verdanke), das durch die Vielfalt nicht mehr verwirrt sei, sondern vom daraus werdenden ‚pazifischen Geist' lebe: Dann hat man eine Ahnung davon, was das neue Mittel-Meer Pazifik ökumenisch bedeuten könnte. Die ‚Welttheologien', die in den Universitäten des Nordatlantik aus Versatzstücken verschiedener Religionen künstlich konstruiert werden, nehmen im Pazifik auf dem ungleich schwierigeren Weg der Interaktion und Kommunikation zwischen den Traditionsgemeinschaften zögernd Gestalt an.

Skeptische Europäer – um von skeptischen Australiern und Asiaten nicht zu reden – mögen diese großartig anmutende Vision eher für eine Illusion halten. Die Mischkulturen Hawaiis und Kaliforniens, die multikulturelle Gesellschaft Australiens, der Vielvölkerstaat Indonesien dürfen auch nicht darüber hinwegtäuschen, daß Flüchtlingsbewegungen, wirtschaftlich bedingte Auswanderungen und kulturelle

Überfremdungen in diesen und anderen Fällen den Ausschlag geben. Allerdings entstand auch Europa als Ergebnis von Migrationswellen, Kolonialreichen und Religionskriegen. Die ökumenische Bewegung und die Friedensbewegung von heute, auch die Versuche, Europa endlich zu einer wirklichen Einheit werden zu lassen, sind Anstrengungen, die Restbestände dieser Vergangenheit zu bewältigen. Im Pazifik blicken wir – notgedrungen – eher in die Zukunft. Sosehr es stimmt, daß der gegenwärtige Ausgleich zwischen Ost und West die Kräfteverhältnisse in der ganzen übrigen Welt verändert, so stimmt auch die lapidare Feststellung eines Franzosen an die Adresse derer, die sich dafür begeistern: „Mitteleuropa ist Gedankengut des 19. Jahrhunderts" (Pierre Lellouche, Die Zeit, 25. Nov. 1988). Der neue Pazifik wird das Thema des 21. sein.

Es ist allerdings unmöglich, im Rahmen einer ersten provisorischen Darstellung diesem fast unermeßlichen Thema gerecht zu werden, selbst wenn man sich auf die Entwicklung der christlichen Theologie im pazifischen Kontext beschränkt. Wir werden uns auf die Kulturgebiete konzentrieren, in denen ich mich – ohne wirkliches Expertentum oder umfassendes Wissen zu beanspruchen – einigermaßen auskenne. Unser Schwerpunkt wird ‚die Südsee' bzw. ‚Ozeanien' sein, oder im bei uns gängigen Sprachgebrauch: der Südpazifik und Australasien (Australien und Neuseeland) mit Bezugnahme auf Südost-Asien; der Rest muß Hintergrund bleiben. Diese großen Kulturgebiete „am Zusammenfluß vieler Gewässer" müssen wir uns nun einleitend näher anschauen.

0.2 Die großen Kulturgebiete

Die missionarische Welle des neunzehnten Jahrhunderts überquerte den Pazifik von Osten bis Westen. Das heißt, daß die ersten Völker, die das Evangelium kennenlernten, die Polynesier waren. Es waren stolze und kriegerische Völker, die ein riesiges, aber meist menschenleeres ozeanisches Reich zwischen Hawaii im Norden und Neuseeland im Süden, den östlichen Fidschi-Inseln im Westen und dem heutigen Französisch-Polynesien im Osten bewohnten und mit ihren seetüchtigen Kanus und ausgeklügelten Navigationstechniken durchsegelten. Kulturell waren sie den sich um den Äquator weiter westlich bis zu den Mariana-Inseln erstreckenden Völkern Mikronesiens ähnlich.

So waren die Häuptlinge der Maori auf Neuseeland Nachkömmlinge bestimmter Ahnen, und sie besaßen in hohem Maße die heilige Kraft des mana. Sie standen einer Schicht von Gemeinen vor, die ihrerseits eine Sklavenschicht überlagerte. Heute noch genießt der König von Tonga nicht nur hohen Respekt, sondern die religiöse Ehrfurcht seines Volkes, und der (als solcher aus der britischen Kolonialzeit stammende) Rat der Häuptlinge auf Fidschi spielte eine wichtige Rolle bei der Bewältigung der Verfassungskrise, die sich aus den jüngsten Militärputschen (1987) ergab.

Die Feindseligkeiten und Allianzen, die zwischen den polynesischen Häuptlingen gerade aktuell waren, spielten eine große Rolle bei den ersten Kontakten mit den Weißen. Ganze Stämme schlugen sich der einen oder anderen europäischen – britisch-protestantischen oder franzöisch-katholischen – Seite zu, und sie erhofften sich dadurch Beistand bei ihren politischen und kriegerischen Auseinandersetzungen. Ihre Kriegsführung und ihre bildende Kunst rangen den aufgeschlosseneren Kolonisatoren Respekt ab. Auch die Missionare mußten trotz ihrer viktorianischen Moralvorstellungen zugeben, daß die von den strengen Regeln des tapu geschützten Fruchtbarkeitsriten und die von Göttern und Geistern erzählenden Mythen der Polynesier eines religiösen Ernstes nicht entbehrten.

Auf den weiter westlich liegenden Inseln, etwa von Neukaledonien bis Neuguinea, deren Kulturgebiet wegen der schwarzen Hautfarbe der meisten Bewohner von den Ethnologen ‚Melanesien' genannt wurde, sah es allerdings anders aus. Hier hatten sich die einzelnen Stämme kaum zu übergreifenden, geschweige denn hierarchischen Sozialgebieten zusammengeschlossen. Im Kernland Melanesiens, dem Hochland von Neuguinea, gab es weder erbliche Häuptlinge noch Priester. Die Führung, ob beim Krieg oder im Frieden, fiel den Tüchtigsten zu und wurde ihnen bei Versagen auch wieder aberkannt, und die streng gehüteten rituellen Geheimnisse wurden von Zauberern verwaltet, die ihre magischen Kräfte durch Bekanntmachung und Bestrafen von Übeltätern unter Beweis stellten. Wegen ihrer fast ritualisierten Kriegführung untereinander waren die Stämme gegeneinander abgeschottet, und ihre Sprachen und kulturellen Eigenheiten wichen stark voneinander ab (in Papua-Neuguinea werden 700 einzelne Sprachen – nicht Dialekte! – gesprochen, und im melanesischen Kulturbereich sind gut ein Fünftel der Sprachen der Menschheit zu finden). Trotzdem unterhielten sie große Handelsstraßen wie den Kula-Ring in den neuguinesischen Inseln oder den Moka-Ring im Hochland. Auch entlang der Papua-Küste und zwischen Küste und

Hochland wurde gehandelt. So werden Kanus in den Mythen mancher Hochlandvölker erwähnt, und heute noch gehören Muscheln zu ihrem begehrtesten Schmuck.

Es wird geschätzt, daß melanesische Völker vor bis zu 50000 Jahren die Hauptinsel von Neuguinea bewohnt haben, und daß sie vor etwa 9000 Jahren zu den ersten Menschen gehörten, die den Gartenbau einführten. Ihre religiösen Praktiken sind folglich nicht darauf gerichtet, den Eingriff von Hochgöttern zu bewirken oder solche gar zu verehren, sondern vielmehr die Quellen des Wohlstands und des immerwährenden und allumfassenden Lebens zu erschließen.

Anders die Ureinwohner des riesigen Insel-Kontinentes Australien. Die Zeiträume, in denen sie sich dort niedergelassen haben, sind ähnlich wie bei den Melanesiern, und was die endlose Weite des Meeres den Polynesiern und Mikronesiern bedeutet, ist ihnen die karge Steinwüste des Landesinneren gewesen. Sie sind Jäger und Sammler geblieben, Nomaden ohne feste Wohnungen oder Dörfer, ohne Gärten und Zuchttiere. Ihre Mythen kennen Hochgötter, die den Himmel bewohnen, und jeder Stamm hat Totemtiere, die durch besondere Tabus geschützt werden. Doch ihre primäre religiöse Beziehung gilt dem Land als solchem, welches die Wanderungen und Eigenschaften der Ahnen verewigt. Ihre Riten stellen die zeitentrückte, aber immer gegenwärtige Dimension des ‚Träumens' (‚The Dreaming') dar, die vor und über aller Zeit das unveränderliche Muster aller Dinge in sich birgt.

Es würde hier zu weit führen, die Beziehungen der Völker des Südpazifik zu den benachbarten malayischen Völkern Südost-Asiens und die vermuteten Kontakte zwischen ihnen und Südamerika oder gar Japan zu untersuchen. Bei aller Verschiedenheit verbinden diese Inselvölker kulturelle Gemeinsamkeiten großer Tragweite. Die absolute Priorität des Stammesverbandes, der Kult der Ahnen und der Fruchtbarkeit, die Durchdringung von ‚religiösen' Riten und ‚weltlichem' Leben, die Allgegenwart der Kräfte des Zaubers, die Differenziertheit und Innigkeit der Beziehung zur Natur – all dies und vieles andere wird heute als gemeinsames kulturelles Erbe immer bewußter und fließt in einen immer deutlicher Gestalt annehmenden ‚pazifischen Geist' zusammen.

Dieses meist implizite und nur sozial sich ausdrückende Selbstverständnis der Pazifik-Insulaner ist die Grundlage der christlichen Theologie, die aus der Begegnung dieser Kulturen mit den Missionskirchen hervorgeht. Doch die Begegnung sah manchmal – keineswegs immer – eher wie ein Feldzug zur Ausrottung dieser Kulturen aus, und es dauerte oft sehr lange, bis die Missionare eingestanden, daß sie es überhaupt mit ‚religiösen' Phänomenen zu tun hatten. Die Begegnung wurde auch dadurch erschwert, daß auf eine Vielzahl von Stämmen und Kulturen, die oft untereinander verfeindet waren, eine Vielzahl von christlichen Denominationen stieß, die dazu noch von sehr unterschiedlichen Nationen verkörpert wurden und ihre Feindseligkeiten offen zur Schau trugen.

Die Begegnung mit den weißen Missionaren beschäftigt die jungen Theologen des Pazifik immer noch stark. Die Theologie im Pazifik erhält ihre Eigenart von dieser historisch bedingten Auseinandersetzung her. Die Rolle eines weißen Australiers in diesem vielschichtigen Zusammenhang war nicht leicht zu bestimmen, als ich in Papua-Neuguinea lebte, und ist es auch jetzt nicht, da ich anhebe, über meine Erfahrungen als Ökumeniker im Pazifik zu reflektieren. Deshalb möchte ich im letzten Abschnitt dieser Einführung sowohl gegenüber der Aufgabe als auch im Hinblick auf die möglichen Methoden zu ihrer Bewältigung Stellung beziehen.

0.3 Unterwegs zur pazifischen Theologie

Ausdrückliche, vor allem literarisch festgehaltene theologische Reflexion in den zu behandelnden Gebieten steckt in den Anfängen; es geht also zunächst darum, zu sichten, was da ist. Das wirklich Interessante und Originelle stammt natürlich von Insulanern und Ureinwohnern: Ich fühle mich nur als ihr Sprecher, ihr Sprachrohr nach Europa. Doch sosehr ich mir meiner Stellvertreterrolle bewußt bin, möchte ich andererseits als Beteiligter reden; nicht nur einen Überblick anbieten, sondern eine Aussage machen im Einverständnis mit allen Betroffenen. Auf persönliche Beziehungen bauend, gestützt durch Briefwechsel und durch Literatur, betrachte ich es als meine Aufgabe, nicht so sehr eine systematische Theologie aus pazifischer Sicht zu konstruieren, sondern den langen und schwierigen Weg zur wirklich eigenständigen theologischen Reflexion, auf dem ich meine Freunde vor allem in Melanesien ein Stück begleiten durfte, getreu ihren Erfahrungen und Absichten nachzuzeichnen.

In diesem Zusammenhang sind Methodenfragen kaum erörtert worden. Wie stellt man eine Theologie dar, die aus weitgehend verschütteten Quellen schöpft (vgl. May, 1987 a: 282–285) und fast aller Mittel der Verbreitung entbehrt? Mein Leitfaden wird der Ansatz sein, den ich an anderer Stelle ‚integralen Ökumenismus' genannt habe (May, 1988 a; 1989 b). Die Beschäftigung mit dem Christentum im Pazifik kann nicht anders als ökumenisch sein, denn alle Konfessionen und Traditionen des christlichen Glaubens sind dort präsent und haben ihren Beitrag zur langsam hervortretenden Gestalt eines eigentümlich ‚pazifischen' kirchlichen Lebens geleistet. Doch die eigentliche theologische Frage, ja die Existenzfrage der pazifischen Christen ist nicht etwa der Dialog der Denominationen, sondern der Nachvollzug des neuen Glaubens bei Bewahrung ihrer kulturellen Identität angesichts der sozialen Probleme, die die neue Zeit mit sich gebracht hat. Für Pazifik-Insulaner sind Wirtschaft und Politik eminent religiöse Angelegenheiten; im modernen Alltag werden sie am ehesten greifbar bei der Suche nach menschlich verantwortbarer ‚Entwicklung'. Ich werde mich also an der Frage nach der Entwicklung im Rahmen eines Kirchen wie Kulturen umfassenden Ökumenismus orientieren, denn nur so meine ich den tatsächlichen Sorgen und Bedürfnissen der Pazifik-Völker gerecht werden.

Um diese Anliegen verständlicher zu machen, stelle ich im I. Teil (1.) die Missionsgeschichte, (2.) einige grundsätzliche kulturelle Werte, und (3.) – als exemplarisch herausgegriffene Fallstudie – die Frage der Heilung dar. Im II. Teil können wir dann (4.) zur Bedeutung der einheimischen Kulte (5.) für die Entwicklung und (6.) für die Politik schreiten, allerdings mit ihrer zugrundeliegenden und nicht wegzudenkenden religiösen Dimension stets im Blick. Im III. Teil werden wir in der Lage sein, (7.) einen Systematisierungsversuch zur Klärung der religiösen Situation im Pazifik zu wagen und (8.) das eigentliche innerchristliche ökumenische Problem von heute, den Vormarsch des Fundamentalismus, aufzugreifen, ehe wir abschließend (9.) die Konturen der entstehenden ‚pazifischen Theologie' nachzeichnen. Ich werde mich dabei so weit wie möglich ausschließlich auf Quellen stützen, die in der Pazifik-Region entstanden sind, ob sie von Pazifik-Insulanern geschrieben worden sind oder von anderen stammen, die dort arbeiten oder gearbeitet haben.

Meinen Freunden am Fachbereich Katholische Theologie der Johann Wolfgang Goethe-Universität in Frankfurt muß ich in erster Linie dafür danken, daß sie mich genötigt haben, unter denkbar widrigen Umständen dieses Buch zu schreiben. Ihre Einladung, in der innovatorischen und wegweisenden Reihe „Theologie interkulturell“ eine Gastprofessur aufzunehmen, wurde vorläufig ausgesprochen, als ich noch in Papua-Neuguinea arbeitete; realisieren ließ sie sich erst, nachdem ich die Leitung der „Irish School of Ecumenics“ in Dublin übernommen hatte. Ihr Verständnis für meine anhaltenden Schwierigkeiten, überhaupt etwas vorzubereiten, die Zeit fürs Vortragen freizubekommen, und das Manuskript für den Druck zu überarbeiten, hat vieles erleichtert. Während des Aufenthalts in Frankfurt haben sich vor allem die Professoren Siegfried Wiedenhofer, Michael Raske, Hermann Pius Siller, Johannes Hoffmann und Dekan Hans Kessler rührend um mich gekümmert; die wissenschaftlichen Mitarbeiter und Mitarbeiterinnen des Fachbereichs ließen ihre Anteilnahme und ihre Hilfsbereitschaft selbst durch einen wochenlangen Streik aller Studierenden nicht erschüttern. Allen Hörern und Hörerinnen der Vorlesungen – auch der auswärtigen – und den Teilnehmern und Teilnehmerinnen des begleitenden Seminars danke ich für ihre Geduld mit meinen schwerfälligen Erklärungen pazifischer Zusammenhänge und vor allem für ihre bohrenden Fragen, die viele Denkanstöße zur Verdeutlichung der Gedankengänge gegeben haben. Vor allem jedoch stehe ich in der Schuld des Freundes, der mich auf die in Melanesien bereitliegende ökumenische Aufgabe zuerst aufmerksam gemacht hat, meiner Familie und mir während des Aufenthalts in Papua-Neuguinea mit Rat und Tat beigestanden hat und im entscheidenden Moment, als ich an der Durchführbarkeit der Frankfurter Gastprofessur zweifelte, mich ermutigt hat, sie doch in Angriff zu nehmen: Theo Ahrens, damals Melanesien-Referent der Nordelbischen Kirche, jetzt verdienterweise Professor im Hamburg.

Die Schwanheimer Schwestern, bei denen ich in Frankfurt gewohnt habe, und Frau Dora Seib-Riedel, die neben einer erdrückenden Arbeitsbelastung als Sekretärin des Fachbereichs die organisatorische Seite meiner Tätigkeit in Frankfurt erledigt hat, haben mich mit ihrer Freundlichkeit und Hilfsbereitschaft geradezu verwöhnt. Für die Vor- und Nacharbeit mußte ich zwei Sommer aufwenden. Meine Frau Margret und meine Tochter Katrin haben deshalb manches in Kauf nehmen müssen, und meine Kollegen an der Irish School of Ecumenics, Alan Falconer und Bill McSweeney, mußten zusätzliche Belastung auf sich nehmen; auch ihnen herzlichen Dank.

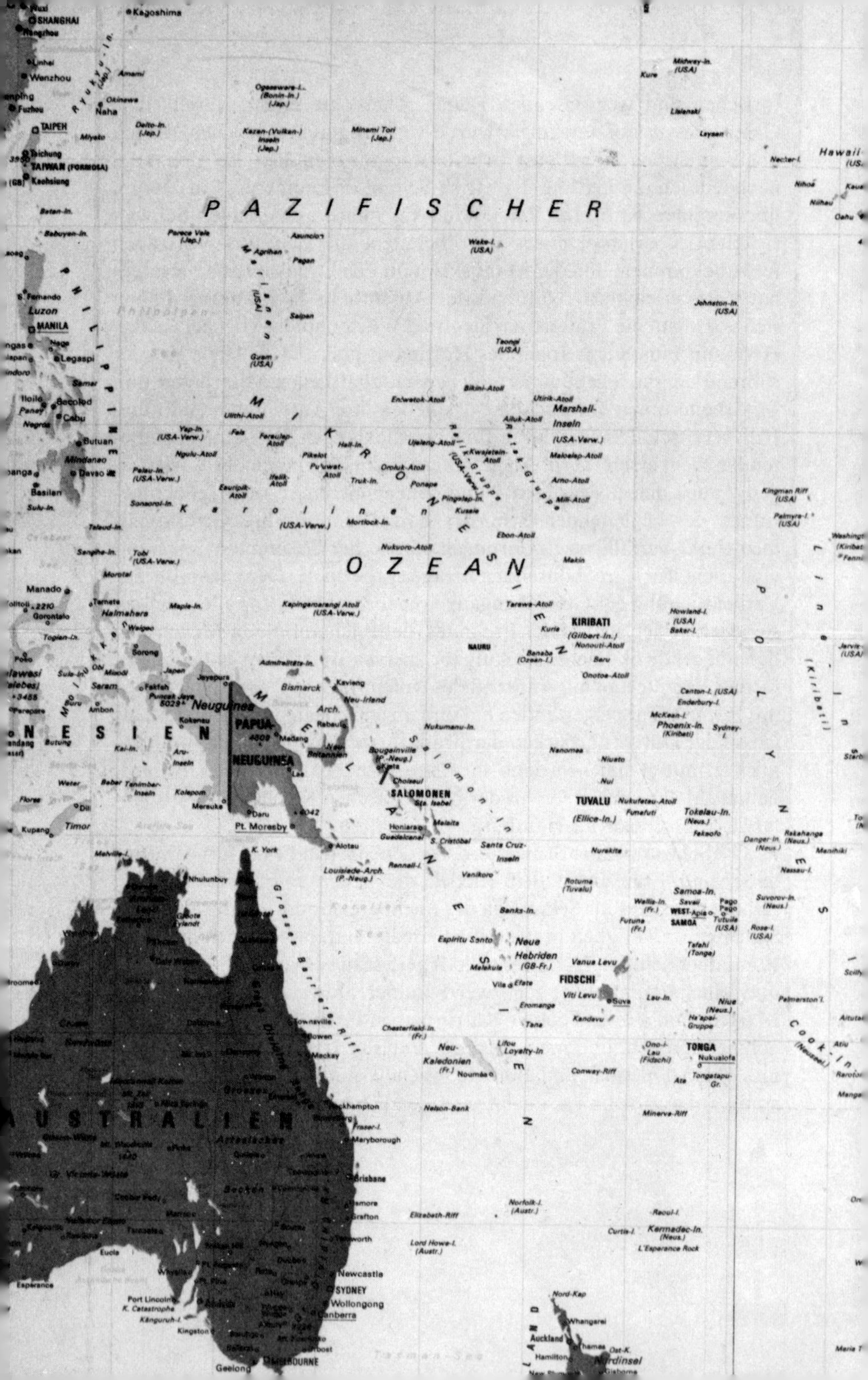
Wuxi
SHANGHAI
Hangzhou
Kagoshima
Linhai
Wenzhou
Fuzhou
Ryukyu-In. (Jap.)
Amami
Okinawa
Naha
TAIPEH
Miyako
Taichung
TAIWAN (FORMOSA)
Kaohsiung
Ogasawara-I. (Bonin-In.) (Jap.)
Daito-In. (Jap.)
Kazan-(Vulkan-) Inseln (Jap.)
Minami Tori (Jap.)
Kure
Midway-In. (USA)
Lisianski
Laysan
Necker-I.
Hawaii (USA)
Nihoa
Niihau
Kauai
Oahu
P A Z I F I S C H E R
Batan-In.
Babuyen-In.
Parece Vela (Jap.)
Asuncion
Agrihan
Pagan
Marianen (USA)
Wake-I. (USA)
PHILIPPINEN
S. Fernando
Luzon
MANILA
Saipan
Johnston-In. (USA)
Legaspi
Samar
Guam (USA)
Taongi (USA)
Iloilo
Panay
Bacolod
Negros
Cebu
Bikini-Atoll
Eniwetok-Atoll
Utirik-Atoll
Marshall-Inseln (USA-Verw.)
Ailuk-Atoll
Ulithi-Atoll
Yap-In. (USA-Verw.)
Fais
Faraulep-Atoll
MIKRONESIEN
Butuan
Mindanao
Davao
Ngulu-Atoll
Pikelot
Hall-In.
Ujelang-Atoll
Ralik-Gruppe (USA-Verw.)
Kwajalein-Atoll
Ratak-Gruppe
Maloelap-Atoll
Palau-In. (USA-Verw.)
Ifalik-Atoll
Puluwat-Atoll
Oroluk-Atoll
Truk-In.
Ponape
Arno-Atoll
Basilan
Sulu-In.
Eauripik-Atoll
Sonsorol-In.
Karolinen (USA-Verw.)
Pingelap-In.
Kusaie
Mili-Atoll
Kingman Riff (USA)
Palmyra-I. (USA)
Mortlock-In.
Talaud-In.
Nukuoro-Atoll
Ebon-Atoll
Washington
Sangihe-In.
Tobi (USA-Verw.)
Makin
O Z E A N
Morotai
Manado
Ternate
Halmahera
Gorontalo
Togian-In.
Waigeo
Maple-In.
Kapingamarangi Atoll (USA-Verw.)
Tarawa-Atoll
KIRIBATI (Gilbert-In.)
Kuria
Howland-I. (USA)
Baker-I.
Jarvis-I. (USA)
NAURU
Banaba (Ozean-I.)
Nonouti-Atoll
Beru
Onotoa-Atoll
Sorong
Sulawesi (Celebes)
Poso
Sula-In.
Obi
Misoöl
Seram
Molukken
Japen
Jayapura
Admiralitäts-In.
Bismarck Arch.
Kavieng
Neu-Irland
Canton-I. (USA)
Enderbury-I.
McKean-I.
Phoenix-In. (Kiribati)
Sydney-I.
Line-In. (Kiribati)
Fakfak
Puncak Jaya 5029
Neuguinea
PAPUA-NEUGUINEA
4509
Madang
Rabaul
Neu-Britannien
Buru
Ambon
Kokenau
Nukumanu-In.
INDONESIEN
Butung
Kai-In.
Aru-Inseln
Bougainville (P.-Neug.)
Kieta
Salomon-In.
Nanomea
Niutao
Nui
TUVALU (Ellice-In.)
Nukufetau-Atoll
Funafuti
Tokelau-In. (Neus.)
Fakaofo
Wetar
Babar
Tanimbar-Inseln
Kolepom
Merauke
Lae
Choiseul
SALOMONEN
Sta. Isabel
Flores
Dili
Timor
Kupang
Daru
Pt. Moresby
4042
Honiara
Guadalcanal
Malaita
S. Cristóbal
Santa Cruz-Inseln
Danger-In. (Neus.)
Rakahanga (Neus.)
Manihiki
Melville-I.
K. York
Alotau
Louisiade-Arch. (P.-Neug.)
Rennell-I.
Vanikoro
Nurakita
Rotuma (Tuvalu)
Nhulunbuy
Grosses Barriere-Riff
MELANESIEN
Banks-In.
Wallis-In. (Fr.)
Samoa-In.
Savaii
WEST-SAMOA
Apia
Pago Pago
Tutuila (USA)
Futuna (Fr.)
Suvorov-In. (Neus.)
Nassau-I.
Rose-I. (USA)
POLYNESIEN
Espiritu Santo
Neue Hebriden (GB-Fr.)
Malekula
Vila
Efate
Vanua Levu
FIDSCHI
Viti Levu
Suva
Kandavu
Tafahi (Tonga)
Lau-In.
Niue (Neus.)
Ha'apai-Gruppe
Palmerston-I.
Eromanga
Tana
Chesterfield-In. (Fr.)
Townsville
Bowen
Mackay
Neu-Kaledonien (Fr.)
Nouméa
Lifou
Loyalty-In.
Ono-i-Lau (Fidschi)
TONGA
Nukualofa
Tongatapu-Gr.
Ata
Conway-Riff
Cook-In. (Neusee.)
Rarotonga
Great Dividing Range
AUSTRALIEN
Rockhampton
Fraser-I.
Maryborough
Nelson-Bank
Minerva-Riff
Brisbane
Lismore
Grafton
Elizabeth-Riff
Norfolk-I. (Austr.)
Raoul-I.
Curtis-I.
Kermadec-In. (Neus.)
L'Esperance Rock
Lord Howe-I. (Austr.)
Port Lincoln
K. Catastrophe
Känguruh-I.
Kingston
Newcastle
SYDNEY
Wollongong
Canberra
MELBOURNE
Geelong
Nord-Kap
Whangarei
Auckland
Thames
Hamilton
Ost-K.
Nordinsel
Gisborne
Tasman-See
NEUSEELAND

DIE LÄNDER DER ERDE IN
FLÄCHENTREUER DARSTELLUNG
PETERS-PROJEKTION

I. Neue Wege und alte Bräuche

1. Christliche Stammeskämpfe: Der Siegeszug der konkurrierenden Missionskirchen

Die christliche Präsenz im Südpazifik geht auf eine Reihe von historischen Zufällen zurück. Obwohl die Europäer schon lange die Existenz einer terra australis incognita vermutet hatten, waren die Gewürzinseln Indonesiens und der Philippinen ihr bevorzugtes Ziel. Als Europäer, zunächst aus Spanien, waren diese Seefahrer de facto Christen, und manchmal hatten sie Missionare an Bord. So durchquerte Ferdinand Magellan 1521 den ganzen Pazifik von Südamerika bis zu den Mariana-Inseln östlich der Philippinen. Es war das erste Mal, daß christliche Symbole gezeigt und die Messe zelebriert wurde. Mendaña und Quiros stießen 1595 auf Inseln, die sie für die Schatzinseln König Salomons hielten, und sie benannten sie dementsprechend. Die Spanier besuchten auch Tahiti in der Gruppe der Gesellschaftsinseln.

Als dann die Engländer und die Franzosen hinzukamen; als Händler nach Sandelholz suchten, sich auf Plantagen niederließen und die Einheimischen von einer Insel zur anderen für wirtschaftliche Zwecke hin und her schickten; als schließlich Gefangene, die aus den britischen Strafkolonien Australiens entlaufen waren, sich über den ganzen Südpazifik verstreut niederließen, entwickelte sich der Kontakt der Inselvölker mit Europäern intensiv und traumatisch. In religiöser Hinsicht wurde der Pazifik zu einem verzerrten Spiegelbild der christlichen und nationalistischen Rivalitäten Europas.

Der Vormarsch der christlichen Missionare im 19. Jahrhundert läßt sich zwar als ‚Eroberung' darstellen, aber nur in dem Sinne, daß diese frommen Frauen und Männer nicht die Unterwerfung, sondern die Erhebung der Inselvölker anstrebten (1.1). Das ‚Kriegerische' an ihrem Vorgehen bestand eher darin, daß sie untereinander bittere Rivalen waren, doch auch diese Rivalitäten verwandelten sich mit der Zeit in Zusammenarbeit (1.2). Heute setzt allerdings eine neue Welle evangelikal-fundamentalistischer Missionen ein (1.3). Erst nachdem man diese vielseitige Missionsgeschichte kennengelernt hat, ist man in der Lage, die im breitesten Sinne ‚ökumenischen' Probleme, die sich daraus ergeben, zu behandeln und ihre Bedeutung als Grundlagen der entstehenden Pazifik-Theologie zu erkennen.

1.1 Die missionarische Eroberung

Der eigentliche Impuls zur Evangelisierung des Pazifik ging von den evangelikalen Erweckungen in England – und in Neuengland – im 18. Jahrhundert aus. Die Männer und Frauen, die von den Wesleys und von Jonathan Edwards beeinflußt waren, waren nicht nur geistlich erweckt, sondern auch geistig aufgeklärt. Die Methodisten und die Mitglieder der aus eher kongregationalistisch bestimmten Freikirchen gebildeten „London Missionary Society" (LMS) zogen ganz bewußt in den Pazifik, um den noch unberührten Völkern Polynesiens das Licht des Evangeliums und der britisch-protestantischen Zivilisation zu bringen. Die Franzosen, die den Vorsatz hatten, ihre Weltgeltung mitsamt dem katholischen Glauben in den pazifischen Raum zu tragen, kamen in der Regel später an, was ihre Missionsarbeit in den von den Protestanten bereits evangelisierten Gebieten um so ärgerlicher erscheinen ließ. Das gegenseitige Unwissen der zwei Speerspitzen der christlichen Mission voneinander war maßlos. Die ganze Erbfeindschaft ihrer zwei Völker und die nachreformatorische Intoleranz Europas flossen in den konstruierten Gegensatz zwischen ‚Methodisten' und ‚Papisten' hinein.

Das Klischeebild des Missionars im Kochtopf, das im 19. Jahrhundert entstand, hat mehr mit den Erfahrungen dieser Südseemissionare zu tun als etwa mit Afrika (vgl. Forman, 1982: 1–3). Manchmal gerieten sie zwischen die Fronten der immerwährenden Stammeskriege oder sie mußten feststellen, daß ihre Glaubensrivalen sich mit einem verfeindeten Häuptling bereits arrangiert hatten; manchmal revanchierten sich die Stämme an ahnungslosen Missionaren für die üblen Machenschaften der Sandelholzhändler oder der „Blackbirder" (Sklavenhändler). Weiße wurden sehr wohl getötet und gegessen.

Doch die polynesischen Stämme erkannten schnell, daß die Missionare fast die einzigen Weißen waren, die sich für ihre Kulturen interessierten und für sie einsetzten, und sie waren ihrerseits nach anfänglicher Befremdung durchaus begierig, die Eindringlinge näher kennenzulernen und zu ihrem Vorteil zu manipulieren. Während der katholische Maristenorden darauf bestand, Ordensgemeinschaften nach strengem europäischen Muster einzurichten und von diesen sicheren Bastionen aus auf die Einheimischen einzuwirken – mit mäßigem Erfolg, denn oft genug wurden die Missionare hoffnungslos isoliert und mußten sich zurückziehen –, stellten die Wesleyaner, LMS-Mitglieder und Anglikaner das Vorbild der fleißigen und züchtigen christlichen Familie dar. Die bewegende Predigt und das rührende Kirchenlied, die Dorfschule und die Missionskleidung hatten ihre Wirkung, und eine Insel nach der anderen, zuerst Tahiti, Hawaii und Neuseeland, dann Tonga, die Cook-Inseln, Fidschi und Samoa, wurde nicht nur schwerpunktmäßig sondern ganz und gar und mit Begeisterung christlich. Tonga war ein „Wesleyanisches Königreich" (Garrett, 1982: 70 ff.), Fidschi eine Gesellschaft, deren Dorfleben vom Rhythmus der christlichen Gottesdienste fortan bestimmt wurde.

Der wichtigste Beweis für die Aneignung des christlichen Glaubens durch die polynesischen Völker war ihr eigener Missionseifer. Mikronesien wurde von den Kindern der ersten Missionarsgeneration auf Hawaii evangelisiert, diesmal jedoch unter Mitwirkung zwar untergeordneter, aber unentbehrlicher Hawaii-Pastoren. Man hat die Cook-Insulaner als „Sturmtruppe" des ungleich schwierigen missionarischen Eindringens in Melanesien bezeichnet, während die Samoaner die aufbauenden Pastoren bereitstellten. Die Missionare aus Tonga neigten dazu, sich recht herrschaftlich unter den ihnen minderwertig vorkommenden Melanesiern zu gebärden, während die Fidschianer ihnen kulturell und ethnisch am nächsten standen (nach Garrett, 1982). Um die Opfer und Entbehrungen zu begreifen, die diese Christen, ihre Familien und ihre Gemeinden freiwillig und gerne um des Evangeliums willen auf sich nahmen, müssen wir uns nun der Missionierung Melanesiens zuwenden.

Die Tötung des LMS-Missionars John Williams in Erromanga (Vanuatu) am 20. November 1839 hat den Optimismus der Südsee-Missionare tief erschüttert (vgl. Garrett, 1982: 161 ff.). Bis dann hatten nur wenige Weiße mit den Bewohnern der „Schwarzen Inseln" zwischen Neukaledonien und Neuguinea Kontakt aufgenommen. Auch für Polynesier war dieses Gebiet fremd, ungesund und gefährlich. Die Maristen, die auf den Salomon-Inseln – endlich als erste – ankamen, mußten bereits 1855 wegen der Feindseligkeit der Einheimischen und der tropischen Krankheiten aufgeben; erst 1898 wurde ein katholischer Neuanfang versucht. Der anglikanische Missionsbischof Patteson hat ein Seminar für Pazifik-Insulaner in Neuseeland gegründet, damit die jungen Männer ihre Studien ohne die Ablenkungen des Dorflebens durchführen konnten; später wurde es auf die Norfolk-Insel verlegt (1866 – 1920). Sein Ziel war, daß die Melanesier selbst zu Missionaren ihrer eigenen Völker werden sollten. Auch Bischof Patteson, der so viel Mühe und Liebe auf den Kulturkontakt verwendet hatte, wurde 1871 nördlich von Vanuatu auf einem entlegenen Korallen-Atoll umgebracht, wahrscheinlich als Vergeltung für das Eingreifen weißer Waffenhändler in laufende Stammeskämpfe (vgl. Pech, 1985 a: 22 ff.).

Während die englischen und französischen Missionare ihre Rivalitäten im Wettlauf um die Seelen der Bewohner Neukaledoniens und der Neuen Hebriden (später Vanuatu) fortsetzten, übte die mit Abstand größte, aber auch unbekannteste Insel Melanesiens eine unwiderstehliche Anziehungskraft auf die weitsichtigeren Pazifik-Missionare aus. Auch andere warfen schon gierige Augen auf Neuguinea: deutsche Kolonisatoren, australische Goldsucher, selbst die Regierung der kaum entstandenen britischen Kolonie in Queensland. Es waren erfahrene Missionare, mit tatkräftiger Unterstützung der Cook-Insulaner, Samoaner und Fidschianer, die sich an die Aufgabe der Missionierung Melanesiens heranmachten. Der Methodist George Brown etablierte sich unter den Tolai an der äußersten östlichen Spitze Neubritanniens; für die LMS gingen Lawes (1873) und Chalmers (1877) nach Papua, obwohl eine Gruppe von Cook-Insulanern unter der Führung von Ruatoka als erste auf dem Festland Fuß faßte.

Um diese Zeit schöpfte die katholische Kirche wieder Interesse an Melanesien. Die apostolischen Vikariate Melanesien und Mikronesien waren seit dem Scheitern der Maristen auf den Salomon-Inseln effektiv unbesetzt. Ironischerweise diente der tragische Schwindel des Marquis de Rays, der eine Gruppe leutseliger französischer Utopisten nach Neuirland gelockt und ihrem Schicksal überlassen hatte, als Auslöser der erneuten missionarischen Anstrengung des Vatikans. Die 1854 gegründeten Herz-Jesu-Missionare wurden 1881 beauftragt, den Protestanten in Papua Konkurrenz zu machen. Wie die Maristen vor ihnen etablierten die Herz-Jesu-Missionare eine Basis in Sydney, ehe sie versuchten, gegen den Widerstand der Kolonialverwaltung in Port Moresby und nach unsäglichen Schwierigkeiten eine Mission auf der Yule-Insel vor der Küste Papuas zu gründen. Die LMS, die Methodisten und die Anglikaner hatten durchaus ihre Meinungsverschiedenheiten, aber sie waren ohne weiteres bereit, ihre Missionsgebiete einvernehmlich unter sich aufzuteilen. Anders die französischen Katholiken. Nach ihrer Einstellung durfte keine falsche Rücksicht auf Abmachungen zwischen Häretikern und weltlichen Regierungen die Ausbreitung des Evangeliums verhindern. So setzten sich die Bischöfe Verjus und de Boismenu in Papua und Louis Couppé auf Neubritannien erfolgreich gegen die von den britischen und deutschen Kolonialverwaltungen vorgeschlagenen Missionsgrenzziehungen durch (vgl. Garrett, 1982: 237 ff.).

In Neuguinea gab es zu ähnlichen Grenzstreitigkeiten Anlaß, diesmal zwischen Katholiken und Lutheranern. Der Neuendettelsauer Missionar Johann Flierl ging 1886 in der Nähe von Finschhafen an der Nordküste Neuguineas an Land, zum Argwohn der deutschen Neuguinea-Kompagnie, die seit der Annektierung 1884 keine christlichen Moralisten in der Nähe ihrer straff geführten Plantagen sehen wollte. Nach großen Entbehrungen haben Flierl und seine Freunde eine Mission ins Leben gerufen, die zu den gründlichsten des ganzen Pazifik gehörte. Wie die Anglikaner, die weiter östlich in Dogura eine Mission einrichteten, haben die Lutheraner von Anfang an auf die Mitarbeit melanesischer Evangelisten gesetzt. Sie waren es, die später das Hochland missionarisch erschlossen. Als die katholischen Steyler-Missionare ihre Arbeit auf Neuguinea aufnehmen wollten, wurden sie 1896 in das Gebiet um Aitape und den Sepik-Fluß gewiesen, doch nachher errichteten sie eine große Missionsstation in Alexishafen bei Madang, wo die deutsche Kolonialverwaltung sich inzwischen niedergelassen hatte.

Es bedurfte der Erschütterungen zweier Weltkriege, um die konkurrierenden Missionskirchen zu Offenheit und Zusammenarbeit zu nötigen. Noch in den dreißiger Jahren, als das Hochland für Weiße zugänglich wurde, kam es zu regelrechten Wettläufen zwischen den Katholiken und den Lutheranern, bis nach der Ermordung zweier katholischer Missionare die australische Mandatsverwaltung die Ausdehnung missionarischer Tätigkeit in noch nicht befriedete Gebiete verbot. So mußten die ungeduldigen Kirchen zum ersten Mal warten, bis der weltliche Arm für Ordnung sorgte, ehe sie – die bisher immer die ersten gewesen waren, die in die schwierigsten Gebiete eindrangen – die Arbeit der christlichen Unterweisung aufnehmen konnten (vgl. Schwarz, 1986 a: 336 – 338).

Viele der missionarischen Anstrengungen, die ich allzu kurz dargestellt habe, gingen von Australien aus. So hat der eigenwillige evangelikal-anglikanische Geistliche Samuel Marsden von Sydney aus der LMS-Mission in Neuseeland entscheidende Impulse gegeben, und mehrere Missionsgesellschaften haben in Sydney ihre Versorgungsbasen errichtet. Doch die ursprüngliche Rechtfertigung der britischen Präsenz im Pazifik war nicht einmal strategisch, geschweige denn evangelistisch, sondern die Entlastung der überfüllten britischen Gefängnisse durch Strafkolonien ‚am Ende der Welt'. In dieser rauhen Gesellschaft wurden selbst protestantische Geistliche anfangs nur widerwillig toleriert; katholische, wegen der Gefahr der Anstachelung der rebellischen Iren, waren überhaupt verboten. Offiziell galten die Ureinwohner (die ‚Aborigines') als britische Staatsbürger. Sie genossen den Schutz der Menschenrechte und sie sollten im Laufe der Zeit evangelisiert und zivilisiert werden. In einer Situation jedoch, in der die weißen Gefangenen zum Zwecke der Abschreckung routineweise bestialisch behandelt wurden, fiel es den meisten Siedlern schwer, in den dunklen Gestalten, die sich durch die abweisend harsche Buschlandschaft ohne Kleidung und festen Wohnsitz bewegten, überhaupt Menschen zu erblicken. Da sie willens und in der Lage waren, entlaufene Gefangene aufzuspüren und gegen Entgelt an die Soldaten auszuliefern, betrachteten die Sträflinge sie schnell als ihre Feinde; da sie die lebenswichtigen Zuchttiere der freien Siedler als ihre legitime Beute betrachteten, wurden sie mörderischen Strafverfolgungen ausgesetzt. In den entlegenen Regionen des ‚Outback' wurden sie zum Sport gejagt; auf der Insel Tasmanien wurden sie noch im 19. Jahrhundert vollständig ausgerottet. Die europäische Phantasie des ausgehenden 18. Jahrhunderts, angeregt durch die Vorstellung des ‚edlen Wilden', war anders als im Falle der schönen, hellhäutigen, redebegabten und kunstfertigen Polynesier nicht in der Lage, in den Jäger- und Sammlerbanden der australischen Ureinwohner überhaupt Kultur, geschweige denn Religion zu erkennen.

Das Ringen um Verständnis dieser Menschen, ihrer überaus komplexen Gesellschaftsstrukturen, ihrer schönen mythischen Erzählungen und vor allem ihrer tiefen Naturverbundenheit legte einen Grundstein der modernen Anthropologie (vgl. Swain, 1985, und für den geistesgeschichtlichen Hintergrund Bitterli, 1976). Bis christliche Missionare die Arbeit mit ihnen aufnehmen konnten, waren viele Stämme, vor allem im von Weißen dicht besiedelten Südosten des Kontinents, restlos verschwunden, während die ersten Versuche, Missionen im Nordwesten einzurichten, an den harten Bedingungen und den riesigen Entfernungen scheiterten (vgl. Wilson, 1988). So groß war die kulturelle Kluft zwischen den Ureinwohnern und den Europäern, daß der bloße Kontakt für erstere den gesellschaftlichen und geistlichen Tod zu bedeuten schien, obwohl die jüngsten Forschungen zu Tage gefördert haben, wie groß ihre Widerstandskraft eigentlich war (vgl. Swain/Rose, 1988). Die praktische Einstellung ihnen gegenüber ist auch heute noch die Probe aufs Exempel sowohl für westliche Moralvorstellungen als auch für christliche Ökumenizität.

1.2 Die erzwungene Ökumene

Nach meinem Eindruck haben die meisten Europäer keine Vorstellung vom Ausmaß und von der historischen Bedeutung des II. Weltkrieges im Pazifik. Der Aufstieg Japans zur Industrie- und Militärmacht schuf ein unersättliches Bedürfnis nach Rohstoffen, das die Länder des Südwest-Pazifik stillen sollten, angeblich durch Mitgliedschaft in einer von den Japanern so genannten Sphäre der wirtschaftlichen Zusammenarbeit und des gemeinsamen Wohlstands in Südost-Asien, tatsächlich jedoch durch Einverleibung in eine von Japan geleitete Version des tausendjährigen Reichs im Pazifik. Zwar bekamen die Koreaner und die Chinesen als erste die gnadenlose Härte der japanischen Kriegsmaschine zu spüren, aber die Inder, die Malayer und die Indonesier betrachteten zunächst die Demütigung der britischen und holländischen Kolonialmächte mit Genugtuung. Der japanische Vormarsch mit Endziel Australien scheiterte endlich, wie vorher so viele Entdecker und Missionare, an den malariainfizierten Dschungeln und den undurchdringlichen Bergen Neuguineas. Die gemeinsamen Anstrengungen der Australier und der Amerikaner, die Japaner aus dem Südwest-Pazifik zurückzuwerfen, führten unter anderem dazu, daß die Inselvölker, ihre Kulturen, ihr lebendiges Christentum und nicht zuletzt ihre strategische Bedeutung ins Bewußtsein der weißen Pazifik-Anrainer drangen.

Es gehört durchaus zur ursprünglichen Bedeutung des Wortes ‚Ökumene', daß solch welthistorische Vorgänge die Voraussetzungen für neue Entwicklungen im Leben der christlichen Kirchen bilden. So war es auch im Pazifik. Viele Missionare aller Konfessionen wurden von den Japanern umgebracht oder bei Angriffen der Alliierten auf ihre Internierungslager oder Kriegsgefangenentransporte getötet. Die Missionsarbeit etwa der deutschen Lutheraner und Katholiken konnte nur dadurch aufrechterhalten und nach dem Kriege wiederaufgenommen werden, daß ihre australischen und amerikanischen Glaubensgenossen mit ihnen zusammenarbeiteten (vgl. Wagner, 1986; Reitz, 1986). Überall erfuhren Katholiken und Protestanten verschiedener Herkunft eine noch nie dagewesene Zusammengehörigkeit im Dienst des einen Evangeliums. Vor allem jedoch bewährten sich die einheimischen christlichen Gemeinden unter dem Ansturm nicht nur der eigentlichen Kriegshandlungen, sondern mehr noch der überwältigenden kulturellen Eindrücke der wirtschaftlichen Macht, der technischen Geräte und nicht zuletzt der schwarzamerikanischen Soldaten.

Bereits 1890 hatte die damalige britische Kolonialverwaltung eine Missionskonferenz aller in Papua tätigen Kirchen einberufen, um zu einer gemeinsam abgesprochenen Gebietsaufteilung zu kommen. Selbstverständlich nahmen die Katholiken nicht daran teil (vgl. Garrett, 1982: 231). Ähnlich versuchte die australische Verwaltung 1949, die verschiedenen Kirchen und Missionen zur Bildung eines Gremiums zu überreden, das die Zusammenarbeit mit ihnen vereinfachen würde. 1959 wurde der Christenrat von Papua und Neuguinea aus Anlaß der regelmäßig stattfindenden Arbeitstagungen mit der Verwaltung ins Leben gerufen.

Aber erst eine unter der Schirmherrschaft des Internationalen Missionsrats in Malua, West-Samoa 1961 einberufene pazifische Missionskonferenz gab den entscheidenden Impuls, Strukturen wirksamer ökumenischer Zusammenarbeit im Pazifik zu errichten. Daraus ging die Konferenz Pazifischer Kirchen (PCC) als ständiges Gremium hervor, und der 1965 gegründete Melanesische Kirchenrat (MCC) verdankt seine Entstehung dem Eindruck, den die Samoa-Konferenz auf die Delegierten der neuguineanischen Kirchen machte (vgl. Forman, 1982: 202–205; May, 1985). In der durch das Abhalten des II. Vatikanischen Konzils völlig verwandelten Atmosphäre war es plötzlich vorstellbar, daß auch die Katholiken an diesen Initiativen teilnehmen konnten. 1971 trat die Katholische Kirche in Papua-Neuguinea und den Salomon-Inseln dem MCC bei; 1976 wurde die Katholische Bischofskonferenz im Pazifik (CEPAC) Mitglied der PCC. Auf einmal waren die früher so verfeindeten Kirchen des Pazifik dem Rest der christlichen Welt ökumenisch weit voraus.

Es war eine begnadete Zeit, die so schnell nicht wiederkommen wird. Die Selbstverwaltung, ja die vollständige politische Unabhängigkeit der Pazifik-Völker war plötzlich kein ferner Traum mehr, sondern eine Notwendigkeit, auf die die Vereinten Nationen drängten. Es waren die Kirchen gewesen, die das Bildungs- und Gesundheitswesen, manchmal sogar die wirtschaftliche Infrastruktur und Transportunternehmen aufgebaut hatten; jetzt war es unvermeidlich, daß sie in den gerade entstehenden politischen Gremien ihre Stimme erhoben. Dies konnten sie allerdings nur gemeinsam, nicht mehr auf konfessioneller Basis tun. Da die Universitäten von Papua-Neuguinea in Port Moresby und des Südpazifik in Suva (Fidschi) erst im Entstehen begriffen waren, stellten die kirchlichen Gymnasien und Seminare die ersten Kandidaten für Stellen bei öffentlichen Verwaltungen und für politische Ämter.

Auch im Bereich der theologischen Bildung wurden Grundsteine gelegt. Die Katholiken errichteten regionale Priesterseminare in Bomana bei Port Moresby und in Suva, im letzteren Fall gleich neben dem Pacific Theological College der Protestanten. In ökumenischer Hinsicht noch bedeutsamer waren die Zusammenschlüsse aller theologischen Hochschulen Melanesiens und des Südpazifik (MATS/SPATS). Das Lehrpersonal, die Lehrpläne und in manchen Fällen auch die Lebensbedingungen waren noch durchaus ‚westlich'; aber der regelmäßige Kontakt untereinander über Konfessionsgrenzen hinweg machte den Studenten klar, daß sie an erster Stelle nicht Katholiken, Lutheraner, Anglikaner usw., sondern Christen im Pazifik waren.

1.3 Die zweite missionarische Welle

Damit ist die Geschichte der Kirchen im Pazifik allerdings noch lange nicht zu Ende. Lieferten die großen Erweckungen des 19. Jahrhunderts vor allem den Freikirchen die Motivation, in die noch unbekannte und unevangelisierte Welt des Südpazifik aufzubrechen, so wurden ihre evangelikalen, pfingstlerischen und adventistischen Nachkommen im 20. Jahrhundert ebenfalls stark angezogen. Bereits vor dem Ausbruch des I. Weltkrieges kam die von der Australierin Florence Young zur Evangelisierung der melanesischen Zuckerrohrarbeiter Nordqueenslands gegründete „South Seas Evangelical Mission" auf die Salomon-Inseln (1904); die Siebenten-Tages-Adventisten begannen ihre Arbeit in Papua 1908; und die Liebenzeller Mission nahm auf den Admiralitäts-Inseln nördlich von Neuguinea 1914 die Arbeit auf (Pech, 1985 a: 20). Die Zeugen Jehovas waren auf Fidschi 1939, die pfingstlerischen „Assemblies of God" sogar 1926 vorhanden; nach dem II. Weltkrieg breiteten sie sich lauffeuerartig aus (Forman, 1982: 200). Oft waren diese Kirchen zur Zusammenarbeit untereinander nicht bereit; z. B. wollten amerikanische Baptisten keine Kirchengemeinschaft mit ihren australischen Glaubensgenossen. Zusammenarbeit mit den in ihren Augen kaum als ‚christlich' zu bezeichnenden traditionellen oder ‚mainline'-Kirchen kam überhaupt nicht in Frage.

Heute weiß keiner genau, wie viele solche Gruppen, die man abschätzig, aber auch ein wenig ängstlich als ‚Sekten' bezeichnet, es in den einzelnen Pazifik-Ländern gibt. Als ich zuletzt bei der Regierung von Papua-Neuguinea nachfragte, führte sie Akten über 64 religiöse Gruppen, die im Lande tätig waren, aber inoffizielle Nachforschungen legen nahe, daß es mit Sicherheit viel mehr gibt. Allein in der kleinen Stadt Goroka im östlichen Hochland agierten 22 Kirchen. Auch die kaum als christlich zu bezeichnenden Mormonen und die dem Islam entstammenden Baha'i sind im Pazifik längst fest etabliert.

Wegen ihrer offen zur Schau getragenen evangelistischen Aggressivität und ihrer Verschlossenheit gegen ökumenische Kontakte fällt es dem Außenstehenden schwer, ohne Vorurteil über die Arbeit dieser Gruppen zu sprechen. Sie werden oft mit ungeheurem finanziellem Aufwand von den Vereinigten Staaten aus unterstützt. Weil sie ganz auf Erfahrung setzen und wenig von formaler Theologie halten, fällt es ihnen leicht, in relativ kurzer Zeit einheimische Evangelisten und ordinierte Pastoren hervorzubringen. Einige von ihnen haben übergeordnete Gremien gebildet, wie z. B. die Evangelische Allianz und den Nationalrat der Pfingstkirchen in Papua-Neuguinea, denen viele Kirchen gleichzeitig angehören. Erhebliche Bedeutung haben auch die parakirchlichen Organisationen wie die Wyclif-Bibelübersetzer, im Pazifik als „Summer Institute of Linguistics" (SIL) bekannt, und die evangelikale Entwicklungsorganisation „World Vision" (vgl. May, 1987 b).

Es fällt den Christen im Pazifik, auch wenn sie erfahrene Kirchenführer sind, verständlicherweise schwer, zwischen all diesen miteinander konkurrierenden Heilsangeboten zu unterscheiden. Kaum hatten sie sich daran gewöhnt, mit den früher so verfeindeten christlichen Konfessionskirchen zu leben und in den – von Europäern eingerichteten – ökumenischen Gremien zusammenzuarbeiten, werden sie diesem neuen Druck ausgesetzt. Hinzu kommt das Anwerben der Regional-, Welt- und Supermächte sowie der multinationalen Konzerne. Denjenigen jedoch – und seien sie ehemalige Mitglieder der Konfessionskirchen –, die in einer dieser neuen Gruppen eine religiöse Heimat gefunden haben, erscheint sie als die wahre Rettung aus der Not der Entwurzelung und des Identitätsverlusts. Dann erscheinen diejenigen, die im Namen der Ökumene Kritik äußern, als die Handlanger des Satans. Unter den Weißen Australiens und Neuseelands und in süd- und ostasiatischen Ländern wie Singapur und Südkorea sieht es ähnlich aus, und in Papua-Neuguinea konnte ich oft beobachten, daß gerade Ausländer sich von den neuen Kirchen angezogen fühlten und ihnen vor ihren eigentlichen Heimatkirchen den Vorzug gaben. Die religiöse Situation im Südpazifik also, auch ohne die einheimisch inspirierten oder ‚nativistischen' Bewegungen zu erwähnen, ist genauso komplex wie anderswo, und abschließend möchte ich einige Bemerkungen zu den nachmissionarischen oder ökumenischen Aussichten im Pazifik machen, die von diesem historischen Überblick zu den eigentlich theologischen Abschnitten überleiten sollen.

Schluß: Was heißt ‚kontextuelle Theologie' im Pazifik?

Die Missionsgeschichte des Pazifiks, die zwischen Überheblichkeit den Ureinwohnern gegenüber und Solidarität mit ihnen schwankt, wird bereits Kirchengeschichte. Sie bildet die Voraussetzung der Theologie im Pazifik. In den allermeisten Fällen, je nach den dogmatischen Vorstellungen der Missionskirchen, denen sie entstammen, sind die ehemaligen ‚Missionen' zu eigenständigen einheimischen Kirchen geworden (vgl. Forman, 1982). Es ist auch bereits zu erfolgreichen Kirchenunionen gekommen, wie im Falle der „United Church in Papua New Guinea and Solomon Islands", in der die früheren LMS- und Methodistenmissionen vereinigt sind. Die Kirche wählte Leslie Boseto 1973 zum ersten einheimischen Moderator. Der heutige Erzbischof der Anglikanischen Kirche, George Ambo, wurde bereits 1960 als erster Melanesier überhaupt zum Bischof geweiht. Die Evangelisch-Lutherische Kirche Papua-Neuguineas, deren Übergang von Misson zur Kirche 1976 geradezu ein Fallbeispiel der damit verbundenen Probleme bietet (vgl. May, 1986), wählte gleichzeitig Pastor Zurewe Zurenuo zum Hauptbischof. In Nordaustralien haben inzwischen die Uniting Church einen Moderator und die Anglikanische Kirche einen Bischof vom Volke der australischen Ureinwohner, dank der Weitsicht, mit der diese Kirchen gemeinsam des Nungalinya College in Darwin zur theologischen Ausbildung eines einheimischen Klerus eingerichtet haben.

Trotzdem muß man heute fragen, ob es damals in diesen und ähnlichen Fällen einen hinreichend gebildeten einheimischen Klerus und ein an den kirchlichen Entscheidungsprozessen beteiligtes Laientum gab (vgl. Pech, 1985 a: 60 ff.). Hinzu kamen die Fragen der weiterhin bestehenden finanziellen Abhängigkeit von den Überseekirchen und der westlich bestimmten Bildungs- und Verwaltungsstrukturen. Doch Bischof Leslie Boseto hat – wie so oft – für alle gesprochen, als er auf einer Sitzung der Pazifischen Kirchenkonferenz in Anbetracht des nicht aufhörenden Zustroms neuer Missionen ausrief: „Wir sind kein Missionsgebiet mehr!"

In der Tat beschäftigt die Missionsgeschichte, insbesondere ihre persönlichen Erfahrungen mit Missionaren, viele melanesische Christen (vgl. z. B. Kamiali, 1986). In Nordaustralien setzen ähnliche Diskussionen ein (vgl. Stockton, 1986). Das Urteil ist zwiespältig. Die großen Missionare werden verehrt, ja sie werden in manchen Fällen zu legendären Figuren. Doch es bleibt ein nicht zu verkennendes Ressentiment. Sicherlich haben einzelne Missionare die Menschen angeherrscht, ihren kulturellen Bräuchen wenig Verständnis entgegengebracht und andere Fehler gemacht. Doch darum geht es letzten Endes nicht. Es hängt zusammen mit der zutiefst empfundenen Fremdheit der Weißen und ihrer Art, verbunden mit der durchschlagenden Überlegenheit zumindest der technischen Seite ihrer Kultur, die für Pazifik-Menschen aufs engste mit der ihr zugrunde liegenden spirituellen ‚Kraft' (mana, paua) zu tun hat. Haben die Weißen das Geheimnis ihrer Macht wirklich preisgegeben, oder haben sie es doch den Insulanern vorenthalten? Das dürfte die Urfrage aller Theologie im Pazifik sein. Ihrerseits sehen diese Menschen nicht ein, warum sie, solange dieser Verdacht besteht, ihre lebensspendenden Geheimnisse preisgeben sollen, selbst wenn dies bedeutet, daß sie sie mit ins Grab nehmen. Folglich besteht die nachmissionarische ökumenische Aufgabe darin, das gegenseitige Mißtrauen abzubauen und einen wirklichen Dialog einzuleiten.

Das heißt allerdings nicht, daß der ‚klassische' ökumenische Dialog im Pazifik überflüssig oder überholt wäre. Im Gegenteil, die Aufarbeitung der historisch bedingten und faktisch vorhandenen konfessionellen Unterschiede ist unbedingt notwendig, damit alle wissen, über welche Ressourcen sie gemeinsam mit anderen Christen verfügen. Obwohl es vereinzelt zu bilateralen Dialogen gekommen ist, scheinen multilaterale Dialoge im Rahmen etwa des Lima-Dokuments über „Taufe, Eucharistie und Amt" der Situation der Kirchen im Pazifik angemessener zu sein (vgl. Melanesian Council of Churches, 1988). Die Trennungsfaktoren, die die Christen im Pazifik uneinig machen, sind nicht so sehr die aus der Reformationszeit stammenden dogmatischen Unterschiede als die Spannungen zwischen ‚Ökumenikern', die ihre Traditionen und Kirchenstrukturen theologisch ernst nehmen, und ‚Evangelikalen', die die Bibel fundamentalistisch absolut setzen und die sichtbare Erfahrung des Heiligen Geistes zum Kriterium des Christseins machen. Am Horizont erhebt sich jedoch die Auseinandersetzung mit noch anderen Glaubensweisen: Papua-Neuguinea teilt die einzige Landgrenze im ganzen Südpazifik mit Indonesien, dem größten muslimischen Land der Welt, und die Ausbreitung des Islam in der indonesischen Provinz Irian Jaya trägt viel zu den Spannungen mit der einheimischen melanesischen Bevölkerung bei (vgl. Melanesian Institute, 1985); mehr als die Hälfte der Bevölkerung Fidschis besteht aus Indern, die fast alle Hindus oder Muslime sind; schließlich suchen die Staaten Melanesiens Beziehungen zur „Asssociation of South East Asian Nations" (ASEAN), von denen die einen islamisch, die anderen buddhistisch und nur die Philippinen christlich sind.

Doch die Hauptaufgabe bleibt die Selbstfindung im neuen globalen Kontext. Bis diese geschieht, werden die Völker des Pazifik kaum gegen die wirtschaftlichen und ideologischen Einflüsse, die täglich auf sie einwirken, bestehen können. Bei der Bewältigung dieser Aufgabe hat ihnen die Ökumene Beistand zu leisten, ohne daß die ‚Partner'-Kirchen wieder zu ‚Pater'-Kirchen werden. Je mehr die Kirchen des pazifischen Raumes in der Lage sind, ihre ureigensten Bedürfnisse theologisch zu artikulieren, desto mehr können sie beitragen zur Bewältigung der Probleme der ganzen Menschheit. Genau dieses Ineinanderspiel der Kulturen und Traditionen wird das Thema der folgenden Kapitel sein, die dem Anspruch genügen müsssen, Theologie wahrhaft ‚interkulturell' und auch ‚kontextuell' zu treiben. Denn wie Theo Ahrens den Teilnehmern eines internationalen Seminars, auf dem Lutheraner und Katholiken gemeinsam über die ersten hundert Jahre der Evangelisch-Lutherischen Kirche in Papua-Neuguinea nachdachten, eindringlich sagte: „Kontextuelle Theologie beginnt dann, wenn du glaubst, daß du wirklich etwas zu sagen hast!"

2. Land, Stamm und Leben als religiöse Grunderfahrungen

Selbst auf die tausend Stämme Papua-Neuguineas bezogen, um von der Vielfältigkeit des Pazifik als Ganzen gar nicht zu reden, ist das Verallgemeinern ein gefährliches Geschäft. Dies ist ein Grund unter vielen anderen, nicht vorschnell eine fertige Theologie für den pazifischen Kontext entwerfen zu wollen. Weder europäische noch nordamerikanische, nicht einmal lateinamerikanische Muster theologischen Schaffens und Redens passen unbedingt zum Pazifik, und die hybriden Konstruktionen wohlmeinender Außenstehender lösen die Probleme der Christen im Pazifik nicht. Es gilt, zuallererst und auf lange Zeit genau hinzuhören.

Aus diesem Grunde zögere ich, christologische und andere systematisch-theologische Entwürfe vorzulegen, ehe wir versucht haben, die Anliegen, die den Christen im Pazifik wirklich am Herzen liegen, herauszufinden. Als Interpret dieser Herzensanliegen bin ich mir der Schwierigkeiten wohl bewußt, die die Pazifik-Völker gehabt haben, sie uns weißen Pazifik-Anwohnern verständlich zu machen. Der vielleicht „untheologisch" ausssehende Themenkatalog dieses Buches legt Zeugnis davon ab, daß ich zunächst bei Themen verweilen will, von denen ich weiß, daß sie die Theologen im Südpazifik gerade als Sprecher der einfachen Dorfbewohner beschäftigen. Es handelt sich noch nicht um die Schaffung großangelegter alternativer Begrifflichkeiten für die Schöpfungs- oder die Trinitätslehre, wie etwa in Indien, auch nicht um eine unvermittelte Übernahme der politischen oder der Befreiungstheologie. Es ist vielmehr die Frage, ob es doch noch möglich werden kann, australischer Stammesangehöriger, Bürger des unabhängigen Staates Papua-Neuguinea oder des der Unabhängigkeit noch harrenden zukünftigen Kanaky (Neukaledonien), authentischer Maori oder Bewohner der atomar verseuchten Marshall-Inseln zu sein und gleichzeitig ohne jeden Vorbehalt auch Christ. Abstrakter gesprochen sind es Fragen des angemessenen rituellen Verhaltens, der Symbolisierung menschlicher Sehnsüchte und Konflikte, der Überwindung der stammesgebundenen Ethik und nicht zuletzt der menschlich verantwortbaren wirtschaftlichen Entwicklung, die auf der theologischen Tagesordnung obenan stehen. Selbst wenn wir meinen, daß diese Fragen letztlich aus dem christlichen Glauben befriedigend zu beantworten sind, bieten weder die ‚fortschrittliche' ökumenische Theologie noch die Bibelstrenge der Evangelikalen für sich allein befriedigende Antworten. Alle, ob Insulaner, Asiaten oder Weiße, müssen sich am Dialog beteiligen und Theologie eben ‚kontextuell' betreiben.

In diesem Kapitel möchte ich deshalb drei Themenkomplexe behandeln, die in europäischen Ohren ein wenig befremdend klingen mögen, für Pazifik-Insulaner jedoch zentrale Bedeutung haben und, wie ich abschließend argumentieren möchte, in einer christlichen

Theologie, die mit den Herausforderungen des politischen Friedens und des ökologischen Verfalls fertig werden soll, eine Überlegung wert sind: das Land selber, vor allem in der Vorstellungswelt der australischen Ureinwohner, als Darstellung der verborgenen Wirklichkeit des ‚Träumens' (2.1); die Stammesgemeinschaft, die die Grenzen aber auch die Kriterien des Menschlichen setzt (2.2); und das kosmische Leben, an dem alle Wesen letztlich teilhaben (2.3).

2.1 Das Land als geistige Heimat

Selbst in der Literatur der weißen Australier spielt das Land eine für Europäer ungewöhnlich große Rolle. In der klassischen Literatur Europas geht es vornehmlich um zwischenmenschliche Beziehungen und soziale Konflikte, die in passende, manchmal auch Gefühle symbolisierende ‚Landschaften' gesetzt werden. In der bereits klassisch gewordenen australischen Literatur geht es vielmehr um die Beziehung der (weißen) Menschen zum Land als solchem, das als gnadenloser Feind dargestellt wird, der listige Widersacher, der mit Gewalt niedergekämpft werden muß. Zu den frühen Heldenfiguren gehören der entlaufene oder freigestellte Strafgefangene, wie bei Markus Clarkes, „His Natural Life", oder Rolf Boldrewoods „Robbery Under Arms" und der gescheiterte Entdecker, wie in „Voss" von Patrick White oder „The Fire on the Snow" von Douglas Stewart.

In den Legenden und mythischen Erzählungen der australischen Ureinwohner dagegen geht es überhaupt nicht um Konflikt oder Feindschaft mit dem Land. Anders als die anfangs völlig hilflosen europäischen Einsiedler waren sie seit unvordenklichen Zeiten ihrer Umwelt vollkommen angepaßt. Literarisch kommt dies zum Zuge durch die Einbeziehung der mythischen Gestalten der Landschaft im australischen Epos „Poor Fellow My Country" von Xavier Herbert oder im Nachspüren der Gesänge, die die Wege der Ahnen über den ganzen Kontinent darstellen, in „The Songlines" von Bruce Chatwin.

Für die Ureinwohner war es im strengsten Sinne ein Skandal, daß die weißen Eindringlinge ganz offensichtlich keine Liebe zum Land hatten, daß sie das Land mitsamt Tieren und Menschen offenkundig haßten.

> Als die Weißen zuerst in dieses Land kamen, kamen sie keineswegs als richtige menschliche Wesen hierher. Sie kamen blutrünstig. Sie kämpften sich durch die ganze Insel Australien durch. Auch die Missionare, die sich

hier niederließen, waren keine wirklichen Christen, denn in ihren Herzen bargen sie Haß gegen das Volk der Ureinwohner. ... ich weiß, daß die Weißen keine Liebe in ihren Herzen hatten. ... Australien ist ein sehr, sehr rassistisches Land, in meinen Augen genauso schlimm wie Südafrika (Thomas, 1987: 93).

Alle Völker des Südpazifik haben eine zutiefst religiöse Beziehung zu ihrem angestammten Land, und alle litten unter den Besitzansprüchen und der Sorglosigkeit der Weißen, doch die schwarzen Australier sind in dieser Hinsicht einzigartig. Von ihnen könnte man ohne Übertreibung sagen, daß ihre Beziehung zum Land und ihre zeitlos transzendente Religion ineinandergreifen.

Mit örtlichen Variationen, aber in wesentlicher Übereinstimmung erzählen die Mythen, daß die Urahnen und Kultheroen die jetzige Weltzeit in Gang brachten, indem sie von ihrem Tiefschlaf im Inneren der Erde erwachten und Reisen unternahmen, auf denen sie schöpferische Taten vollbrachten. Es handelt sich dabei nicht um eine creatio ex nihilo, sondern um die Gestaltung einer Landschaft (vgl. Stanner, 1976: 24). Die Konturen dieser Landschaft sind die zum Stein und Busch, Berg und Fluß gewordenen Taten der Urahnen. Die Reiserouten seiner Ahnen sind jedem Stamm genau bekannt, denn sie bestehen aus den geographischen Merkmalen, von deren tieferen, geistlichen Bedeutung die Mythen erzählen. Die Ureinwohner Australiens sind mit Recht berühmt wegen ihrer übermenschlich erscheinenden Fähigkeiten, überall Wasser und Nahrung zu finden, wo andere verhungern und verdursten würden. Elkin (1974: 42 ff.) zögert nicht, diese ganz und gar persönliche Beziehung eines jeden initiierten Stammesmitglieds zu ‚seiner' Landschaft als nicht nur „photographisch" im Sinne der intimen Naturkenntnis, sondern mehr noch als „spirituell" zu bezeichnen. Die Beziehung zum Land ist im eigentlichen Sinne die lebenswichtige Beziehung zum „Träumen" („The Dreaming", Stanner, 1976: 34). „Wer sein Träumen verloren hat, ist selber verloren", lautet ein Sprichwort, und wer diese geistige Landkarte, die „Karte des Lebens, die zugleich Kenntnis der Wirklichkeit ist", verliert, „wird dadurch geistig und psychologisch verloren, selbst in seiner eigenen Gegend" (Elkin, 1974: 43–44).

Man kann sich ausmalen, wie die Enteignung und ‚Entwicklung' des Landes durch die eindringenden Weißen die Vernichtung dieser Kultur bedeutete. Die Totemtiere und die Tjurunga (die Kultgegenstände, auf denen sie und die Symbole ihrer Wanderungen eingeritzt waren) waren keine ‚Idole', wie die ersten Missionare glaubten, sondern eher ‚Sakramente‘ (vgl. Wilson, 1979: 52–63, auf Bemerkungen des Anthropologen Stanner aufbauend).

„Nirgendwo waren die Beziehungen zwischen menschlicher Zeit und immerwährender Ewigkeit im religiösen Denken stärker als in Zentralaustralien“ (Strehlow, 1978: 14). Der Weg vom ‚Träumen‘ der Urahnen ins Leben durch Empfängnis und Geburt und zurück durch den Tod führt durch die heiligen Orte („sacred sites“), an denen die rituellen Wiederholungen der Kultgeheimnisse stattfinden. Das Träumen stellt so etwas wie einen unendlichen sakralen Raum dar, in dem die Zeit aufgehoben ist und der nur durch den heiligen Ort, an dem das Totemtier angerufen wird, zugänglich ist (vgl. Swain, 1988).

Es nimmt daher nicht wunder, daß, so wie das Thema ‚Landrechte‘ einen Schwerpunkt der politischen Diskussion in Australien bildet (vgl. Dodson, 1985), auch das Thema des ‚Landes‘ einen zentralen Platz in der sich entwickelnden ‚aboriginal theology‘ beansprucht (vgl. Gondarra, 1986: 29–35; Bos, 1984). Die Ureinwohner fordern mit zunehmender Vehemenz und Radikalität ‚ihr‘ Land zurück und vor allem Labour-Regierungen geben nach, sehr zum Verdruß der Mineral-Gesellschaften im Nordwesten und der kleinen Farmer im Südosten des Kontinents. Im ersteren Fall müssen die Konzerne die örtlichen Landräte um Erlaubnis bitten, ehe sie Mineralien suchen oder gewinnen dürfen, wenn es sich um anerkanntes Stammesgebiet handelt. Handelt es sich um heilige Orte, haben die Ureinwohner ein absolutes Veto-Recht, und selbst wenn die Erlaubnis erteilt wird, müssen die Firmen Abzahlungen leisten. Im letzteren Fall wurden weiße Farmer enteignet und finanziell entschädigt. Nachdem selbst das in die Zuständigkeit des Bundes gehörende Nordterritorium und der als rückständig empfundene Bundesstaat Queensland Versprechungen gemacht haben, zieht sich die Regierung in Canberra möglichst aus der Affäre zurück (vgl. Brennan, F., 1987). Die Rede des Papstes bei seinem Besuch in Alice Springs (1986) hat den Druck auf die Kirchen verstärkt, zu ihrer politischen Verantwortung und auf der Seite der Ureinwohner zu stehen.

Doch die Kirchen sind theologisch kaum gerüstet, das Thema des Landes im Sinne der Ureinwohner überhaupt zu erörtern. Gehört das alles nicht zu einem längst überwundenen Stadium der religiösen Entwicklung im Alten Testament? Sind nicht gerade die biblisch legitimierten Ansprüche auf das Land die problematischsten Bestandteile der gegenwärtigen Politik des Staates Israel? Klingen nicht hier sogar Aspekte der ‚Blut-und-Boden‘-Ideologie unseliger Erinnerung und der Heimat-Sentimentalität des Volkskinos an? Selbst dem Neuen Testament ist zum Vorwurf gemacht worden, daß es eine kosmische Heilsvision ohne konkrete Umweltethik entwirft und dem Mißbrauch des Gottesbefehls, sich die Erde untertan zu machen (Gen 1,28), Tür und Tor geöffnet habe (vgl. May, 1979).

Unsere kurze Reflexion über die Beziehung der australischen Ureinwohner zu ihrem Lande dürfte gezeigt haben, daß diese ursprünglich keine ‚Ideologie' begründete – selbst wenn man meinen sollte, daß die heutigen Landrechts-Aktivisten sie zur Ideologie geraten lassen –, sondern eine Angelegenheit des ‚Glaubens' war. Dabei sollten wir besonders beachten, in welchem Sinne sie das Land als das ‚ihre' betrachteten. Weit davon entfernt, ausschließliche – was soviel heißt wie: andere ausschließende – Besitzansprüche zu erheben, verstanden sie sich eher als Beschenkte, denen ein Stück Erde von den ihr innewohnenden Ahnen und Totemgeistern anvertraut worden war. Nicht ohne Vorbehalte haben Anthropologen diese Einstellung zum Lande so auszudrücken versucht: „Nicht wir kennen und besitzen das Land, sondern das Land kennt und besitzt uns" (vgl. Elkin, 1974: 43, 46, und die kritischen Bemerkungen von Stanner, 1976: 34). Auf jeden Fall steht fest, daß „die Würde, die das System der totemischen Tabus dem pflanzlichen und tierischen Leben verliehen hat, zur Aufrechterhaltung des Naturgleichgewichts in Zentralaustralien beigetragen hat" (Strehlow, 1978: 46). Wir, die wir die Erde nun zusehends zerstören, weil wir sie mit absolut-legalistischen Besitzansprüchen, aber ohne wirklichen Verstand an uns reißen und mit rein technischen Mitteln ausbeuten, sollten uns überlegen, daß dies nur dann ohne Gefahr für die Umwelt passieren kann, wenn – wie für die Ureinwohner Australiens und vieler anderer Erdteile – „Wirtschaft, Kunst und Religion gegenseitig voneinander abhängig sind" (Elkin, 1974: 47; vgl. 31). Selbst die in der Religionsgeschichte einmalige eschatologische Vision des Paulus (Röm 8), für den der ganze Kosmos in den Geburtswehen der Erlösung aller Kreaturen bis hin zur ausdrücklichen Erwähnung unserer Körper mit einbegriffen ist, nützt in der Praxis wenig, wenn wir nicht von intimer Kenntnis und Liebe mindestens eines Stückes dieser Erde ausgehen und immer wieder, zumindest in Gedanken und Erinnerungen, dorthin zurückkehren können.

Trotzdem bleibt es etwas problematisch, denjenigen, die nunmehr global denken und empfinden, die Verhaltensweisen und Lebenseinstellungen des Stammesverbandes anzuempfehlen. In der Tat ist der

Zusammenhang zwischen dem menschlichen Beziehungsgeflecht der Stammesgemeinschaft und der Abbildung des Kosmos durch sie ein Hauptthema aller wahrhaft einheimischen Theologie im Pazifik, denn Ethik und Religion der Pazifik-Völker hängen eng mit den sozialen Strukturen des Stammes zusammen. Wir wenden uns also nun der religiösen Bedeutung der Stammesgemeinschaft zu.

2.2 Die Stammesgemeinschaft als Maßstab des Guten

Alle Völker des Südpazifik haben eine Beziehung zum Land (und in vielen Fällen auch zum Meer), die uns gerade theologisch zu denken gibt. Diese Beziehung ist unterschiedlich stark, je nachdem, wie sie durch die einzelnen Kulturen vermittelt wird. So haben die Melanesier manchmal ein eher unruhiges Verhältnis zum Land. Die Geister, die dort heimisch sind, können feindlich gesinnt sein, und den ansässigen Menschen droht in manchen Fällen die Vertreibung aus ihrem angestammten Gebiet durch die immer wiederkehrenden Stammeskriege (siehe z. B. Brennan, P. W., 1977: 17–18, über die bösen Waldgeister der Enga im westlichen Hochland von Papua-Neuguinea, wo das Land wegen der dichten Bevölkerung knapp ist und die Grenzziehung allzu leicht Anlaß zu Streitigkeiten geben kann). Gerade deswegen spielt der Stammesverband, der wiederum für alle Völker des Pazifik zentrale Bedeutung hat, im Leben der Melanesier doch eine ganz besondere Rolle. Die Melanesier leben in außergewöhnlich kleinen, voneinander linguistisch wie kulturell dicht abgeschotteten ‚Überlebenseinheiten' (so bilden die eben erwähnten Enga mit 180 000 Sprechern von neun gegenseitig verständlichen Dialekten die mit Abstand größte ethnolinguistische Gruppe Melanesiens). Der Zusammenhalt des Stammesverbandes, die Bewahrung der Kultgeheimnisse und der Erweis von Reichtum und Macht werden so zum obersten Gebot.

In derart eng verflochtenen Lebenseinheiten fallen ‚Volk', ‚Stamm' und ‚Gesellschaft' praktisch ineins. Zu ihnen gehören nicht nur die gegenwärtig Lebenden, sondern auch die Ahnengeister (tumbuna) und die Naturgeister (masalai). Die Bande mit dieser ‚Metagemeinschaft' (Gesch, 1985: 182, 268 ff.) sowie innerhalb der Dorfgemeinschaft werden durch Tauschbeziehungen zusammengehalten, die alles andere als rein wirtschaftlich sind. Sie sind vielmehr intensiv persönlich und bilden das Geflecht aller zwischenmenschlichen Beziehungen im Leben des Dorfes, einschließlich ehelicher und ritueller Beziehungen.

Das oberste Ziel, das zur instinktiven Lebenshaltung wird, heißt: andere in meiner Schuld zu halten. Das Geschenk von fünf Kokosnüssen erwidere ich, indem ich noch mehr zurückgebe: dann schuldet mir der andere wieder etwas. Nimmt man mir fünf Schweine, dann sehe ich zu, daß ich den Dieb ausfindig mache und das Diebesgut mit Zinseszinsen zurückfordere. So waltet das Gesetz der Vergeltung (payback) über alle Aspekte melanesischen Lebens und beherrscht die ‚retributive Logik' (Garry Trompf) das melanesische Denken bis in den Bereich des ‚Religiösen' hinein. Missionare erzählen, daß die Hochländer, nachdem man ihnen erklärt hat, daß Christus für sie gestorben sei, sich intensiv am Leben der Kirche beteiligen, bis sie meinen, die Schuld abbezahlt zu haben; danach kehren sie der Kirche den Rücken (Bericht des Bibelübersetzers Barry Irwin in Whiteman, 1984a: 110–111).

Regelt das Gesetz des Tausches die Beziehungen der einzelnen im Dorf und der Clangruppen und Dörfer untereinander, so gilt ähnliches für die Verhältnisse zwischen den Stämmen als solchen. An vorderster Stelle steht das Verhältnis zum Land selbst. Es gibt durchaus Besitzansprüche, aber sie müssen sorgfältig auseinandergehalten werden von den Gebrauchsrechten, die traditionell erwachsen und unter Umständen Vorrang vor dem rechtlichen Besitz erringen können (vgl. Giddings, R., 1984: 151–3). Weil es keine präzise Grenzziehung gibt, sondern eher anerkannte Geltungsbereiche der traditionellen Besitz- bzw. Gebrauchsrechte, kommt es leicht zu Landstreitigkeiten, wenn Stammesangehörige meinen, ihr Gebiet würde sich mit dem eines benachbarten Stammes überschneiden. Wird ein Stammesmitglied bei diesen Auseinandersetzungen getötet oder verletzt, dann wird dies den Urhebern zurückgezahlt, indem einer ihrer Krieger getötet oder eine ihrer Frauen verschleppt wird. Man handelt dabei völlig logisch, denn sonst stünde man ihnen nach. Sie würden ihre Macht über den betroffenen Stamm ausbauen, und dies wäre der Anfang vom Ende.

Es wäre jedoch falsch, den Eindruck vermitteln zu wollen, das Stammesleben der Melanesier sei deshalb ein Dickicht von Feindschaften und Intrigen. Vielmehr dienen die Tausch- und Vergeltungshandlungen welcher Art auch immer dazu, persönliche Beziehungen, ob zu anderen Menschen oder zu den Geistern, aufrechtzuerhalten, denn aus solchen Beziehungen besteht Gemeinschaft, und von Gemeinschaft innerhalb des Stammesverbandes hängt das Wohlergehen und letztlich das Überleben aller ab. Das Verhältnis zu den

Gegenständen und Phänomenen der Natur wird in dieses Geflecht von Ich-Du-Beziehungen einbezogen, während es bei der westlichen Zivilisation beinahe umgekehrt ist: Die Ich-Es-Beziehung zur Natur bestimmt die Beziehungen der Menschen untereinander (nach einer Anregung von Theo Ahrens). Die Struktur des Kosmos bildet die Struktur der menschlichen Gesellschaft ab, und der Kosmos reduziert sich auf die gemeinsame Wahrnehmungswelt des Stammes (vgl. Fugmann, 1985: 74–78).

Damit stehen wir auf der Schwelle des melanesischen Verständnisses von Religion, was wir allerdings dem nächsten Abschnitt vorbehalten wollen. Denn als ich soeben sagte, es sei ‚richtig', Vergeltung zu üben, berührte ich ein dahintersteckendes ethisches Prinzip. Wenn der Zusammenhalt des Stammesverbandes als oberstes Gebot des gemeinsamen Überlebens gilt, dann folgt daraus, daß die Beseitigung jeder Bedrohung von innen oder von außen im moralischen Sinne nur ‚gut' sein kann, denn sie dient dem Wohl der Unsrigen. Ein ‚bigman', der sich genügend Einfluß und Reichtum in Form von wirksamer Führung, beeindruckenden Reden, Schweinen und Frauen angesammelt hat, kann sich einiges an Unverschämtheiten leisten, ohne in die Schuld der Gemeinschaft zu geraten; überdehnt er seinen ‚Kredit' jedoch, oder bringt er nicht mehr den Erfolg, der zum Prestige des Stammes beiträgt, so kann auch er zur Rechenschaft gezogen und seines Amtes enthoben werden. Mißgebildete Kinder und in manchen Fällen auch Zwillinge werden umgebracht. Zauberer, die ihre bösen Kräfte von den Stammesfeinden auf die eigenen Leute lenken, können unter Umständen auch beseitigt werden. Was das Wohlleben unserer Leute fördert, ist moralisch ‚gut'; was ihm abträglich ist, ist ‚schlecht'.

Nun stellen melanesische Dorfbewohner gewöhnlich keine ethischen Überlegungen dieser Art an. Sie wissen instinktiv, daß sie so zu handeln haben. Erzählte man ihnen vom alttestamentlichen ius talionis, so wäre es ihnen vollkommen einsichtig. Dies macht den christlichen Theologen Melanesiens natürlich zu schaffen, denn sie wissen, daß der Zusammenhalt des Stammesverbandes auch und gerade unter den Umständen der Entwurzelung und Verstädterung der neuen Zeit ihren Leuten sehr wichtig ist. Sie wissen auch, daß das Verhalten der weißen Christen, entgegen dem Idealismus ihrer neutestamentlichen Predigt, nicht viel anders ist. Im heutigen Papua-Neuguinea heißt der Stammesgenosse – oder, wenn man in der fernen Hauptstadt Port Moresby einem aus der gleichen Provinz begegnet, auch er – der ‚wantok' (wörtlich ‚one-talk' oder Gleichsprachige), und das ‚wantok-System' ist eins der meistdiskutierten Themen der entstehenden gesamtmelanesischen Kultur. Wenigstens ein Theologe hat es gewagt, eine durchaus positive Beurteilung des wantok-Systems auf seiner Heimatinsel Karkar vor Madang zum Thema seiner Diplomarbeit am Martin-Luther-Seminar zu machen (Kautil, 1974, 1986 a).

Man hört oft die Bemerkung, die Melanesier seien ‚Pragmatiker', und diese Darstellung ihrer Ethik, die der Forschung von Ennio Mantovani (1984 a) viel verdankt, wird diesen Eindruck verstärkt haben. Doch so wie das Verhältnis der Pazifik-Völker zum Land mit der Überlebensethik des Stammes eng zusammenhängt, beruht diese Ethik auf einem Wertsystem, das die religiöse Grundlage ihrer Kulturen freilegt. Wir müssen also jetzt versuchen, zu diesem religiösen Kern vorzustoßen.

2.3 Allumfassendes Leben als religiöse Mitte

Die Initiationsriten der australischen Ureinwohner hatten als ihren letzten Zweck „die Weitergabe und die Beibehaltung des für die Fortsetzung des Lebens notwendigen Wissens" an und durch diejenigen, die dazu berechtigt waren (Stanner, 1976: 28). Der Sitz der entscheidenden geistlichen Kraft des mana ist für die neuseeländischen Maori das mauri oder Lebensprinzip, der dem Neugeborenen eingegebene te hau ora oder ‚Hauch des Lebens' (Irwin, 1984: 21). Das Fischfest der Küstenleute (vgl. McGregor, 1982) oder das Schweinefest der Hochländer in Neuguinea (vgl. Mantovani, 1977; 1985; 1986 a; Knight, 1979) ist eine einzige, die ganze Gemeinschaft einbeziehende Feier der Erneuerung kosmischen Lebens und der Teilhabe an ihm. Wenn man an irgendeinem Punkt bei der Darstellung der Religion im Pazifik vergleichend und verallgemeinernd vorgehen kann, dann an diesem. Zwar kennen all diese Völker ‚Götter' im Sinne von weltentrückten Himmelswesen, aus denen die Kultheroen hervorgingen und die in äußerster Not verärgerte Ahnen oder bös gesinnte Geister zur Ordnung rufen können. Doch die großen Feiern, die die eigentliche Lebensmitte dieser Menschen bilden, gelten nicht den Himmelswesen, nicht einmal den Totemgeistern als solchen, sondern der erneuten Erschließung überbordenden Lebens in Fluß und Meer, im Wald und in den Tiergehegen, und nicht zuletzt bei den eigenen Frauen in den Gärten, für die sie verantwortlich sind. So stellt der ‚bigman' im Simbutal oder bei den Enga, von mehreren Frauen und ihrem als

Brautpreis mitgebrachten Reichtum an Schweinen und Schmuck umgeben und in der Lage, das Abschlachten einer atemberaubenden Zahl von Schweinen und die Verteilung des Fleisches unter seine Leute zu organisieren, die lebendige Zusicherung dar, daß der Zugang zu den Quellen des Lebens gewährt bleibt.

Aus diesem letztlich religiösen Grund ist es unbedingt notwendig, zwischenmenschliche Beziehungen und Beziehungen zwischen Menschen und Geistern aufrechtzuerhalten und in beiden Fällen Konflikte durch angemessene Tauschhandlungen möglichst schnell zu bereinigen. Die soziale Ordnung des Dorfes und der Verwandtschaftsverhältnisse im Stammesverband hängt aufs engste mit den Beziehungen zum ‚Meta-Dorf' der Geister zusammen, und diese soziale Ordnung wird gleichsam durch die kosmische Ordnung abgebildet. Jedes ungewöhnliche Vorkommnis in der Natur, jede Krankheit, jede leer ausgehende Jagd hat eine personelle Ursache und signalisiert den drohenden Abbruch der lebenswichtigen Harmonie mit den Naturkräften. So gehen rechtlich-soziale und kosmische Beziehungen ineinander über.

Es hat begreiflicherweise lange gedauert, bis die Missionare zur Einsicht kamen, daß sie es bei diesen Traditionen überhaupt mit Phänomenen der Religion zu tun hatten. Sie suchten – und fanden – zumindest entfernte Entsprechungen zum christlichen Gott, etwa Darumulun und Baiame bei den australischen Ureinwohnern, Anutu bei den Kate der Huon-Halbinsel in Neuguinea, den Hochgott Io bei den Maori. Doch mit diesen unerreichbaren Gestalten trafen sie gerade nicht die Mitte der nämlichen Traditionen. Folglich blieben ihre Versuche, beim Schöpfergott anzusetzen und die christliche Heilsgeschichte von der Protologie her verständlich zu machen, weitgehend wirkungslos. Dabei wäre es möglich gewesen, etwa die Mythen einiger Stämme im Westen Neuguineas aufzugreifen, in denen eine sogenannte dema-Figur sterben muß, damit Schweine oder Früchte entstehen oder sich vermehren (vgl. Mantovani, 1983 a, 1983 b). Ähnliche Mythen kommen in anderen Teilen Melanesiens vor. Doch es handelt sich nicht bloß um äußere Entsprechungen. Mantovani (1984 b, 1984 c) hat wiederholt darauf hingewiesen, daß der ‚theistische' Ansatz vieler Missionare einer völlig anderen Religionsart als der ‚biokosmischen' Religion der Melanesier entstammt, obwohl man ihm entgegengehalten hat, daß ein trinitarischer Ansatz das Moment der interpersonalen Beziehungen vermittelnd zur Geltung bringen könnte (vgl. Garland, 1986, und die Replik Mantovanis,

1986 b). Mir scheint, daß hier der Theologe Garland und der Religionswissenschaftler Mantovani aneinander vorbeireden. Doch es dürfte sich lohnen, die traditionelle christliche Verhältnisbestimmung zwischen der ‚immanenten' und der ‚ökonomischen' – d. h. sich in das Weltgeschehen hinein veräußernden – Trinität im Kontext melanesischer Religion noch einmal zu durchdenken.

Melanesische Theologen scheinen jedoch wieder anders ansetzen zu wollen. In einer beachtlichen Arbeit hat Simon Apea, ein katholischer Theologe vom südlichen Hochland, gezeigt, wie sein Volk, die Kewa, den Schöpfergott bereits kannten unter der Gestalt des Yakili (Apea, 1985). Sie verlangten nach einem Gott, dessen Macht ein wirksames Gegengewicht zu den Ahnengeistern bilden und dessen Liebe sie aus der Verstrickung in Schuld und Sünde befreien könnte. Es sei der christlichen Predigt nicht gelungen, ihnen einen solchen Gott nahezubringen. In einer ebenfalls am katholischen Bomana-Seminar angefertigten Arbeit sucht Caspar To Vaninara (1985) nach Korrelationen zwischen dem Verlangen seines Tolai-Volkes nach Heil, der Rolle des traditionellen bigman dabei und der Praxis der Adoption als integralem Bestandteil der Aufrechterhaltung von Beziehungen und dem zentralen christlichen Symbol des kommenden Gottesreiches. Schließlich verlangt der Evangelikale Penuel Ben Idusulia, daß das von Priestern verrichtete Blutopfer seiner Kulturgruppe der Toabaita auf den Salomon-Inseln theologisch wie das alttestamentliche Opfer im Rahmen des Hebräer-Briefes gewertet werde (Idusulia, 1985). So originell diese Ansätze auch sind, sie zeigen wie viel noch zu tun bleibt, bis die Lebensreligion der Pazifik-Völker mit der Glaubensreligion des Christentums für beide Seiten glaubwürdig vermittelt wird. Die Kluft zwischen den durch und durch ‚materialistischen' religiösen Erwartungen der Melanesier und der auf spirituelle Vervollkommnung gerichteten Hoffnung der Christen bleibt groß.

Schluß: Pazifischer Pazifismus

Dieser Einblick in die religiöse Welt der Pazifik-Völker muß genügen, um die Schwierigkeiten erkenntlich zu machen, die die Schaffung einer wirklich einheimischen Theologie begleiten – aber auch die Beiträge, die eine solche Theologie zur ökumenischen Diskussion machen könnte. Jedes dieser Völker organisiert sich in Stammesverbänden, deren Verhältnis zum jeweiligen Stammesgebiet – zu ‚ihrem' Land also – nicht nur intime Naturkenntnisse, sondern die Einbeziehung der

Totem- und Ahnengeister in die eigentliche Stammesgemeinschaft mit einschließt, beides wegen der zentralen Bedeutung der immerwährenden Teilhabe aller am allumfassenden, geradezu kosmischen Leben. Mir scheint, daß die christliche Theologie zur Zeit Schwierigkeiten hat, mit einer solchen Thematik fertig zu werden, nicht nur deshalb, weil es sich ‚nur' um die unterentwickelten und auf bestimmte ethnische Gruppen beschränkten religiösen Vorstellungen von kleinen Stämmen handelt, sondern auch wegen einer gewissen Unterentwicklung der christlichen Theologie selber.

Die weißen Australier und Neuseeländer zum Beispiel haben meines Erachtens noch allerhand über ihr jeweiliges Land zu lernen, ehe sie zu einem spirituell begründeten und ethisch verantwortbaren Verhältnis dazu kommen; oder, wenn man es so sagen darf, sich darin wirklich ‚heimisch' fühlen. Viele Quellen eines solchen Verständnisses sind ihnen mit den ausgestorbenen Kulturen ihrer Ureinwohner bereits verlorengegangen. Daß ein die Erde schonendes und den Menschen erfüllendes Verhältnis zum Lande mit der Erneuerung der Gemeinschaft eng zusammenhängt, berührt schon die Friedensfrage, angefangen mit dem Frieden zwischen den vielen ethnischen Gruppen in diesen faktisch multikulturellen Gesellschaften. Dabei bin ich mir vollkommen bewußt, daß ein solches Ansinnen nur ein müdes Lächeln, wenn nicht ausdrückliche Entrüstung bei den allermeisten Bürgern und bei Politikern Verlegenheit hervorrufen würde, Christen eingeschlossen. Dem müßte die Frage entgegengehalten werden, ob unsere von Technik und wissenschaftlicher Rationalität immer abhängiger werdenden Gesellschaften das Leben im umfassendsten Sinn wirklich fördern, schonen, ja überhaupt fortsetzen können und wirklich noch genießen lassen. Ich meine, daß diese Frage eine christlich-theologische ist, deren Zentralität von unseren allzu idealistisch und moralistisch angelegten Theologien weithin verkannt wird.

Es ist also nicht bloß sentimental gemeint, wenn ich zu bedenken gebe, daß die Kämpfe der Christen im Pazifik, ihre Umwelt, wie nur sie sie in all ihren Dimensionen zu erleben und zu schätzen wissen, gegen die todbringenden Einwirkungen der modernen globalen Zivilisation zu verteidigen, exemplarische Bedeutung haben könnte. Dem von ihnen gesuchten ‚neuen Exodus' aus einer atomar bedrohten und zum Teil bereits zerstörten Welt sollten wir uns alle anschließen (vgl. Siwatibau und Williams, 1982).

3. Heil und Heilung. Die Macht des Zaubers

Im Oktober 1981 hat die Kommission für Christliche Medizin des Ökumenischen Rats der Kirchen eine Konsultation für Kirchen aus dem ganzen Pazifik in Madang, Papua-Neuguinea, abgehalten zum Thema „Das christliche Verständnis von Gesundheit, Heilung und Ganzheit". Der vielbeachtete Bericht dieser Konsultation (ÖRK, 1982 a) wirft viel Licht auf die schwierige Lage kirchlicher Gesundheitsdienste im kulturellen Kontext des Pazifik. Das Dilemma der Kirchen rührt daher, daß sie während der Missionszeit den Wert der traditionellen Heilpraktiken weitgehend verkannten und ganz auf die wissenschaftlich-technisch verfahrende Medizin des Westens setzten. Jetzt stellt sich heraus, daß die meisten Christen das Vertrauen in ihre angestammten Heilmethoden, die mit Geisterglauben und Zauber zusammenhängen, keineswegs abgelegt haben, und viele die christliche Entsprechung dazu in den Gebetsheilungen charismatischer Sekten sehen.

Aus dem Bericht wird auch ersichtlich, daß auf die weitgehende Beseitigung der schlimmsten tropischen Krankheiten – die von den Menschen im Pazifik durchaus geschätzt und gerade den Kirchen zugute gehalten wird – die Schaffung neuer ‚Zivilisationskrankheiten' durch zu rasche und zu einseitige ‚Entwicklung' folgt, darunter der Alkoholmißbrauch, psychische Erkrankungen und nicht zuletzt die obligaten Herzinfarkte führender Politiker und Geschäftsleute. Die unaufhaltsame Ausbreitung der Malaria und die Fehl- bzw. Unterernährung der Kinder geben besonderen Anlaß zu Sorgen. Unter diesen Umständen können sich die Kirchen nicht auf die rein karitative Krankenpflege beschränken; sie müssen sich auch mit der Analyse der sozialen Ursachen der Krankheit und mit den sie bedingenden politischen Faktoren befassen. Deswegen braucht es uns nicht zu wundern, daß die Diskussionen auf der Madang-Konsultation in Bereiche wie soziale Gerechtigkeit in den unabhängigen Staaten des Pazifik, Unabhängigkeit für Neukaledonien und Irian Jaya, und Landrechte für die neuseeländischen Maori und die australischen Ureinwohner ausuferten.

Wie Esau Tuza, ein United Church-Theologe aus den Salomon-Inseln, in Madang darlegte, kann eine theologische Beurteilung des ganzen Komplexes Gesundheit und Heilung nur aus einem Verständnis der in ihren Kulturen begründeten Bedürfnisse der Menschen im Pazifik vorbereitet werden, d. h. von ihrem Verhältnis zum ‚Leben' her (vgl. Tuza, 1982). Dies bedeutet, daß wir uns mit der im Pazifik allgegenwärtigen Macht des Zaubers werden beschäftigen müssen (3.1), ehe wir als Fallstudie melanesische Vorstellungen vom ‚Heil' erörtern (3.2) und abschließend einen christlichen Ansatz zur ganzheitlichen Heilung entwerfen (3.3).

3.1 Der Zauber als sozialer Unterscheidungsprozeß

Es fällt uns, die wir meinen, Kinder der wissenschaftlich-technischen Zivilisation zu sein, schwer, die absolut unerschütterliche Überzeugung der Menschen im Pazifik von der Existenz der Geister und der Macht des Zaubers ernstzunehmen. Nichtsdestoweniger wird einem der Zugang zum Verständnis dieser Kulturen auf immer versperrt, wenn man nicht akzeptiert, daß sie auf dieser uns so irrational erscheinenden Grundlage beruhen. Wenn man dort lebt, wird man auch gar nicht erst danach gefragt; obwohl die Menschen ohne weiteres zugeben, daß ihre Geister nicht die unseren sein können und für uns belanglos sind, sind sie deswegen nicht weniger von ihrer Wirklichkeit überzeugt. Dies gilt genauso für führende Kirchenmitglieder wie für hochgebildete Techniker. Wir mögen unsere Liberalität hervorkehren und sagen, wir hätten dennoch viel zu lernen von diesen voraufklärerischen Lebenseinstellungen und hätten auch viel Menschliches verloren durch die Entzauberung der modernen Welt; aber unsere Verlegenheit können wir schlecht verbergen.

Die Allgegenwart des Zaubers in den Kulturen des Südpazifik und seine offenkundige Macht über die Menschen begründet auch den Irrationalitätsvorwurf gegenüber ihren Kulturen, der im Erziehungswesen, bei der Entwicklungsarbeit und nicht zuletzt im Bereich der Medizin so viele Mißverständnisse erzeugt. Im 19. Jahrhundert unterschieden die Anthropologen ganz streng zwischen der niederen Entwicklungsstufe des ‚bloßen' Zaubers und der höheren der ‚echten' Religion, und nach ausschließlich europäischen Maßstäben wurden die Völker der einen oder der anderen Ebene zugeordnet. Aber andererseits ist der Zauber mit den ‚harten' empirischen Wissenschaften, die unsere technische Kultur begründen, auch nicht verträglich. Er hat in unserem modernen Weltbild schlicht keinen Platz, und dennoch ist er für die Kulturen des Pazifik allesbestimmend. Wir kommen noch zum Thematisieren des eigentlichen Aufeinanderprallens von Zauberkult und Moderne. Zunächst geht es darum, verständlich zu machen, in welchem Sinne der Zauber in seinem ursprünglichen sozialen

Kontext durchaus ‚rational' ist, so wie die moderne Wissenschaft in ihrem ganz anderen Kontext auch.

Versetzt man sich in die Lebensverhältnisse einer Stammesgesellschaft, die die ‚Meta-Gemeinschaft' der Geister immer einschließt, so wird einem ersichtlich, daß der Zauber ein Medium sozialer Kommunikation und Kontrolle ist, ein Mittel der Konfliktbewältigung und der Rechtsprechung. Patrick Gesch nennt ihn einen sozialen Unterscheidungsprozeß („a process of social discernment", Gesch, 1979, was ein Element der ‚Erkenntnis' mit einschließt), und für Mary MacDonald ist er

> eine dramatische Aussage, manchmal tragisch, manchmal komisch, über die Natur des Lebens und darüber, wie man am Leben im vollsten Maße teilnimmt. Der Zauber erscheint in Melanesien als ein komplexes Symbol des Lebens, das sowohl die gewöhnlichen als auch die bedeutungsvolleren Ereignisse des Lebens durchdringt. In diesem Sinne darf man den Zauber als die für Melanesien charakteristische Form der Religion ansehen (MacDonald, 1984: 196).

Diejenigen, die in der christlichen Pastoral – zumal im Gesundheitswesen aber auch in der Arbeitswelt des modernen Sektors ganz allgemein – mit dem angeblich tödlichen bösen Zauber (sanguma) zu tun haben, werden diese Kennzeichnung vielleicht für idealistisch halten. Die Melanesier wissen sehr wohl zwischen ‚gutem' und ‚bösem' Zauber zu unterscheiden, und Zauberer, die ihren Rückhalt im Sozialverband der Stammesgemeinschaft verlieren, können viel Unheil anrichten (vgl. Fugmann, 1984 a, als ‚Korrektur' zur Darstellung von MacDonald). Dabei darf man nicht außer acht lassen, daß die Befriedung durch Verbot der Stammeskämpfe der männlichen Bevölkerung, wie Garry Trompf es einmal ausdrückte, mit einem Schlag 75 Prozent ihres Lebensinhalts raubte, während die ersehnte ‚Entwicklung', in die die Menschen so viele Hoffnungen setzten, sehr wenig sinnvolle Beschäftigung, aber ganz viele neue Unsicherheiten mit sich brachte. Wie so vieles scheint auch das Zauberwesen der alten Kulturen dadurch aus dem Gleichgewicht gebracht worden zu sein.

Im kurzen Zitat von Mary MacDonald ist es auffällig, wie oft das Wort ‚Leben' vorkommt. Die zentrale Bedeutung des Zaubers, nicht nur in Melanesien, sondern im ganzen Pazifik, hängt in der Tat mit der alles bestimmenden Wirklichkeit des allumfassenden Lebens zusammen. Der Zauber, der routinemäßig beim Fischfang und bei der Jagd, im Garten und bei der Liebe verwendet wird, soll eben der Vermehrung des Lebens dienen. Doch wenn Leben in irgendeiner Weise bedroht wird, dann wird der Rückgriff auf den Zauber ernster. Zumal Krankheit und Tod werden immer und ohne Ausnahme (vgl. das von MacDonald), 1984: 204, berichtete Zeugnis) „der Aggression von Menschen oder Geistern“ (203) zugeschrieben. Den Begriff des ‚Unfalls‘ oder der ‚objektiven Ursache‘ gibt es in diesem Weltbild nicht. Wie Melanesier mir mehr als einmal sagten: Wenn Menschen Schaden erleiden oder wenn auch nur geringfügig außergewöhnliche Krankheiten auftreten, lautet die erste Frage nicht: „Was war die Ursache?“ sondern: „Wer war die Ursache?“, und vom Gebot der Erhaltung des Stammesverbandes, eben des ‚Lebens‘ der Gemeinschaft her ist es unbedingt notwendig, daß diese Frage eine eindeutige Antwort erhält. Irgendwo hat irgendwer ein Tabu verletzt oder eine Beziehung abgebrochen. Der Zauberer hat die Aufgabe, sozusagen als Antenne der Dorfgemeinschaft zu fungieren und die betreffende Person ausfindig zu machen. Das Gesetz der Vergeltung verlangt dann, daß payback geschieht. Im Konsens der Beteiligten sind dies schlichtweg moralische Notwendigkeiten; ‚Naturgesetze‘ und ‚objektive Beweise‘ spielen dabei keine Rolle. Man kann sich vorstellen, daß dieses System der sozialen Kontrolle in noch intakten Stammesgesellschaften gut funktioniert haben muß. Es verursacht jedoch erhebliche Schwierigkeiten, wenn es neben westlicher Medizin und Rechtssprechung unvermittelt weiterbesteht (zum letzteren siehe die bahnbrechende Studie von Narokobi, 1989).

Für die Menschen im Pazifik geht es letzten Endes darum, über die Macht zu verfügen (paua in Melanesien, mana in Polynesien), jeden Schaden von der Gemeinschaft abzuwenden und die Gegenmacht böser Geister oder feindlicher Menschen zu übertreffen. Die dazu notwendigen Zaubermittel sind das streng gehütete Geheimnis der Männer, denn schon von den Frauen in der eigenen Mitte drohen dunkle Kräfte des mit dem Entstehen von Leben zusammenhängenden Monatsblutes. Mit der ‚Macht‘ der von Christen angebotenen modernen Medizin konfrontiert, fragen diese Menschen: Haben wir hier Zugang zu einem noch wirksameren Geheimnis? Wir werden es an den Resultaten sehen. Die etwa durch Penicillin anfangs gewirkten ‚Wunder‘ haben sehr beeindruckt, und man ist immer noch gern bereit, für jede denkbare Erkrankung (meist nur) eine Spritze zu erhalten (kisim sut); doch am Ende ist das Urteil sehr zwiespältig ausgefallen. Ich meine, es sei keine Übertreibung zu sagen, daß für den normalen Dorfbewohner im ganzen Pazifik die Einlieferung in ein Krankenhaus die Begegnung mit dem vollen Terror der unendlich fremden Kräfte der modernen Welt bedeutet. Andererseits lernen die Menschen sehr schnell, sich der westlichen Medizin zu bedienen, sobald sie ihnen einigermaßen zugänglich ist. Aber die allermeisten halten immer noch den Kontakt mit ihren traditionellen Heilern und Heilsmitteln aufrecht, auch wenn die dazugehörigen praktischen Kenntnisse langsam in Vergessenheit geraten und die Unwirksamkeit der psychosomatisch bedingten Techniken außerhalb des Dorfzusammenhangs offenkundig wird.

Nach meiner Beobachtung befällt die christlichen Theologen des Pazifik immer noch eine gewisse Scheu, wenn sie den Themenkomplex Zauber direkt ansprechen sollen, denn hier, wie die ersten Missionare schnell begriffen, liegt der Nerv der Begegnung mit dem christlichen Glauben. Das empfindliche Thema läßt sich vielleicht am besten in der Form des von anglikanischen Seminaristen aufgeführten Stückes behandeln, das die dramatische Konversion eines berüchtigten Zauberers darstellt (in May, Hrsg., 1985: 44 – 53; siehe auch den Bericht von Idusulia, ebd. 256 – 7, 259 – 60, über seine Konfrontation mit ‚Priestern' seines Volkes auf den Salomon-Inseln, darunter sein eigener Onkel). Um hier weiterzukommen, greifen wir die Vorstellungen der Melanesier vom ‚Heil' auf.

3.2 Das Heil als Fülle des Lebens in der Gemeinschaft

Es dürfte sich inzwischen herausgestellt haben, daß für die Melanesier – und mit wenigen Abweichungen für die anderen Völker des Pazifik – das, was Christen als ‚Heil' verstehen würden, pragmatisch ausgerichtet und erdgebunden ist.

Das Heil suggeriert keine Dichotomie zwischen ‚materiellen' und ‚spirituellen' Bereichen, denn Menschen und Geister unterhalten aktive Beziehungen, die das Land und das Leben der Natur voll einschließen. Der einzelne kann keine Heilserfahrung machen unabhängig von der Gemeinschaft, in der er lebt (nach der Zusammenfassung von Fugmann, 1977: 122 – 123; vgl. Fugmann, 1984 b; 1985: 88 ff.). Heil in diesem Sinne wird vermittelt durch „lo", was so viel heißt wie die Einhaltung aller Gebote des harmonischen Lebens in der Gemeinschaft. Der Stammesanführer oder bigman wacht nicht nur darüber, er sieht zu, daß das Potential des lo aktiv ausgenutzt wird zum Wohl aller, vor allem durch die großen Feiern, die die Tauschbeziehungen festigen und überbordendes Leben demonstrieren. Von dem, der sich in dies alles einfügt, kann man sagen: I stap stret, er erfüllt seine Verpflichtungen, und das Ergebnis für ihn und für die ganze Gemeinschaft ist: I stap gut, i gat bel isi, i gat gutpela sindaun: es herrschen Harmonie und Wohlstand. Sollte jemand jedoch Beziehungen zerstören – kalapim lo –, so ergibt sich sin oder rong verbunden mit wari und sem, Gefühle des Unwohls wegen der Verärgerung der Stammesgenossen und der Geister, und gerade hier sucht der Melanesier die Ursache von sik, Krankheit. Selbst auf der Ebene der Volksreligion haben sich melanesische Christen als fähig erwiesen, den Begriff des lo mit dem neutestamentlichen Gedanken des Reiches Gottes zusammenzubringen (dieser Zusammenhang wurde zuerst herausgearbeitet von Ahrens, 1974: 13 ff.; 1977: 25 ff.; 51 – 55, auf den sich Fugmann, 1977, stützt).

Unwillkürlich denkt man an die biblischen Begriffe schalom und tora in ihrem Zusammenhang mit dem alttestamentlich verstandenen Heil. Die hebräische Bibel, soweit sie übersetzt ist, spricht die Melanesier auch an, aber von ihrem Verständnis des lo her neigen sie stark dazu, Gott als einen zornigen, eifersüchtigen, Vergeltung fordernden Herrn zu sehen, der durch Einhaltung der Gebote und Anwendung der Riten beeinflußt werden kann. Sünde wird als Übertretung eines tabu oder als Fehler bei einer rituellen Handlung verstanden. Die zentrale neutestamentliche Vorstellung der Rechtfertigung allein aus Gnade fehlt völlig, ebenfalls die Überzeugung, daß Beziehungen ihren Zweck in sich selber haben könnten, statt als bloße Mittel zu dienen, Heil als Wohlergehen von Gott zu erlangen (vgl. Fugmann, 1985: 90 – 96).

Die Feier der Eucharistie unter Einhaltung des Versöhnungsgebots (Matt 5,23 – 24) bietet den geeigneten Kontext, in dem die Menschen des Pazifik Kirche als „heilende Gemeinschaft“ erleben können (MacDonald, 1983: 41 ff.; Ahrens, 1974: 27). Melanesische Christen z. B. legen auch viel Wert darauf, sich auf den Empfang des Sakramentes gründlich vorzubereiten. Doch der Erfolg charismatischer Gebetsheiler zeigt, daß diese Christen Heil und Heilung in einem viel engeren Zusammenhang sehen, als sie für gewöhnlich in den etablierten Kirchen erleben. Die Christliche Gemeinschaftskirche des ehemaligen Methodisten und als ‚heilige mama‘ oder Gefäß Gottes verehrten Silas Eto auf den Salomon-Inseln zeigt uns, was Melanesier von sich aus unter christlicher Gemeinschaft verstehen. Eto verfügte über außergewöhnliche heilende Kräfte, aber er bemühte sich, selbsternährende und wirtschaftlich unabhängige Dorfgemeinschaften einzurichten, in denen nicht nur der Todeszauber von selber wegstarb, sondern auch die westliche Medizin „vollkommen aufgegeben wurde" (Tuza, 1982: 25–6; vgl. 1977, 1985).

Das schönste mir bekannte Zeugnis eines Pazifik-Insulaners von der Bedeutung christlicher Gemeinschaft im Angesicht von Krankheit und Tod ist die Erzählung des katholischen Rechtsanwalts und Philosophen Bernard Narokobi aus Papua-Neuguinea über den Tod seiner Mutter (Narokobi, 1980 a). Als seine Mutter tödlich erkrankte, war Narokobi, einer der Verfassungsväter Papua-Neuguineas, gerade damit beschäftigt, die zukünftige Regierung des an der Schwelle zur Unabhängigkeit stehenden Nachbarstaates Vanuatu (Neue Hebriden) in Verfassungsfragen zu beraten, und er stand in engem Kontakt zur Pazifischen Kirchenkonferenz und zum Melanesischen Kirchenrat. Er war also, wie ein typischer moderner Mensch, gleichzeitig Mitglied mehrerer Gemeinschaften. Er mußte abwägen, ob die Lage seiner Mutter genügend ernst war, seine Rückkehr zu erfordern. (Er war gerade dabei, sich vor den pazifischen Kirchenführern, mit denen er im Gespräch stand, für seine Bemerkung zu rechtfertigen, alle Missionen in Papua-Neuguinea sollten abgeschafft werden – eine nicht untypische Narokobi-Äußerung!) Kurz nach seinem Eintreffen in der Provinzhauptstadt Wewak wurde seine Mutter aus dem Krankenhaus entlassen für die letzte Reise in ihr Heimatdorf. Es wurde eine Reise, deren Stationen das Wiedersehen mit alten Freunden – darunter auch Missionaren, denen sie und ihr Mann als Katechisten gedient hatten – und die letzte Bereinigung aller Beziehungen markierten. Statt durch Sauerstoffzufuhr künstlich am Leben erhalten zu werden, sollte sie in die Gemeinschaft zurückkehren, in der sie Heil bereits im voraus erfahren hatte. Sie starb einen vollkommen melanesischen und zugleich christlichen Tod, mit allen versöhnt und in sich gesammelt. Für Narokobi, der immer auf die ganzheitlichen Aspekte melanesischer Religion hingewiesen und auf die wirkliche Synthese mit dem Christentum bestanden hat (vgl. Narokobi, 1977), war ihr Tod eben deswegen exemplarisch.

3.3 Die Herausforderung ganzheitlicher Heilung

Als ich mit meiner Familie ein paar Monate in Port Moresby, der Hauptstadt Papua-Neuguineas lebte, stellte es sich heraus, daß unser Hauswirt, ein gläubiger Katholik teils papuanischer, teils philippinischer, teils australischer Herkunft namens Mick Fabila, über bemerkenswerte und wiederholt bewiesene Kräfte des Heilens verfügte. Er glaubte, daß er die Heilungsgabe seiner philippinischen Vorfahren geerbt hatte, obwohl er auch den Zauberpraktiken Papuas viel verdankte und christliche Gebete und Symbole in seine Heiltechnik immer einbezog. Dies ist eine Ausnahme, aber bestimmt kein Einzelfall. In seiner bahnbrechenden Sammlung theologischer Beiträge aus dem Pazifik, The Gospel is Not Western, hat Garry Trompf ein Gespräch zwischen einem Heiler der australischen Ureinwohner und mehreren Melanesiern, darunter den mir persönlich bekannten Theologen Simeon Namunu, John Kadiba und Esau Tuza und dem bereits erwähnten Bernard Narokobi, veröffentlicht (Trompf, Hrsg., 1987: 95–106). Mick Fazeldean ist teils afghanischer, teils englischer, teils Ureinwohner-Abstammung, ist des Lesens und Schreibens unkundig und wurde in die Heiltechnik ursprünglich vom philippinischen Koch auf einer cattle station im australischen Outback eingeführt. Er bezeugt, daß es ihm anfangs sehr schwer fiel, Europäer zu heilen, weil sie sich so schlecht entspannen können und er geistig in sie nicht eindringen konnte. Erst nachdem es ihm gelungen war, ein Pferd zu heilen, meinte er, auch bei Europäern auf Erfolg hoffen zu können!

Der Wert des Zeugnisses von Mick Fazeldean liegt darin, daß er ohne Jargon- und Theoriesprache die Erfahrung des Heilens beschreibt. Er erweist sich allerdings als Theologe, indem er über die Beziehung zwischen der Heilung bei den Ureinwohnern und dem christlichen Glauben nachdenkt:

> Doch die Ureinwohner sind selber Christen, selbst wenn sie eigene Sprache, Lieder usw. verwenden. Ihr Initiationsritus ist eine Kirche, für die sie eigene Lieder haben, genau wie die Europäer Lieder auf Englisch haben. … Es ist interessant, daß alles, was sie [ein Ureinwohnerstamm] sagen, genau wie die christliche Kirche ist und die gleiche Bedeutung hat (96, 98).

Gefragt, wie es sich anfühlt, wenn Heilkräfte aus einem ausströmen, sucht Mick nach Analogien beim elektrischen Strom, aber ein anderer am Gespräch beteiligter Ureinwohner, Guboo Ted Thomas, greift ein und bestätigt:

> Es fällt den Brüdern und Schwestern sehr schwer, solche Fragen zu beantworten. Manchmal handelt es sich um eine sehr eigentümliche Beziehung zwischen dem Heiler dort oben und dem Heiler hier unten, und es ist eine sehr starke, persönliche Sache. Manchmal meditieren die Ureinwohner, oder sie gebrauchen besondere Worte, wie er [Mick], oder sie träumen. Wir treten in Kontakt mit Gott, genau wie viele andere. Mein Geist, meine Meditation steigen zum Himmel, zu Gott, um Rat zu suchen (101).

Im Laufe des Gesprächs stellte es sich heraus, daß auch Esau Tuza, ohne es zu suchen oder zu wollen, Heilungen an Geisteskranken durchgeführt hatte. Das Bedeutsame an diesen Erfahrungsberichten ist, daß alle drei keine Konkurrenz mit der westlichen Medizin, aber auch keinen Konflikt mit dem christlichen Glauben bei der Ausübung ihrer Heilgabe empfinden. Doch sie machen die Erfahrung, daß diese Gabe von den Kirchen nicht verstanden und anerkannt wird. Daher befriedigen die Kirchen die Völker des Pazifik gerade in diesem zentralen Punkt nicht.

Wenn einmal ein Heiler in einer der Kirchen auftaucht, treten die ganzen Ungereimtheiten, die dieses Problemfeld umgeben, zutage. Gegen Ende 1985 wurde bekannt, daß ein junges Mädchen namens Ioa Boiori in einem Dorf knapp außerhalb Port Moresby ‚Wunder' vollbrachte, indem sie Kranke durch Gebet und Berührung heilte. Nachdem die Medien die Sache aufgegriffen hatten, wurde sie derart von Kranken und Schaulustigen bedrängt, daß sie in kürzester Zeit erschöpft war. Ein Auftritt vor Studenten an der Universität von Papua-Neuguinea führte zu tumultartigen Szenen. Ioa berief sich auf eine Vision von Jesus, als sie wegen einer Erkrankung dem Tode nahe war; jegliche Abhängigkeit von der starken Tradition ihres Koitabu-Stammes, durch Zauber zu heilen, schwor sie ab (vgl. Trompf, 1985, der auf mehrere vergleichbare Fälle hinweist).

Ioa Boioris Fall scheint darauf hinzuweisen, daß die Menschen in Melanesien und anderswo im Pazifik viel mehr verlangen als bloß die Heilung von Krankheiten. In Kapuna in der Golf-Provinz von Papua entfesselte das australische Mediziner-Ehepaar, Dr. Peter und Dr. Lin Calvert, eine pfingstlerische Erneuerungs-Bewegung, die nur beiläufig mit Heilung zu tun hatte, aber erhebliche Spannungen innerhalb der United Church auslöste. Nach dem Tod ihres Mannes entschloß sich Frau Dr. Calvert, gegen die Anweisung der örtlichen Kirchenführung in Kapuna zu bleiben, nicht so sehr wegen der Fortsetzung der Erneuerung, die fast die ganze Region ergriffen hatte, sondern um ihre fachmedizinische Arbeit nicht zu gefährden (Calvert, 1983: 193–4). Nach dem Zeugnis des einheimischen Ortspastors bestand die grundsätzliche Schwierigkeit darin, daß die charismatische Erneuerung letzten Endes von außerhalb der Kirche und der Kultur kam: „Sie war von Einflüssen von außerhalb der Kirche abhängig" (Meakoro, 1983: 199). Dennoch waren ihr die Führungsgremien der United Church grundsätzlich aufgeschlossen. Der Erfolg der allesamt von außen kommenden pfingstlerischen Kirchen im Pazifik zeigt, daß hier ein echtes Bedürfnis der Menschen angesprochen wird. Nach der Befragung von Kevin Barr in Port Moresby verlangen die Anhänger dieser Kirchen eine eindeutige religiöse Erfahrung, die von ‚Kraft' (paua) zeugt, Sicherheit gibt und Gemeinschaft stiftet. Es spielen Einflüsse traditioneller melanesischer Religion dabei gewiß eine Rolle, darunter eine „Erwartung der Heilung" (Barr, K. J., 1983: 209).

‚Heilung' muß in diesem Zusammenhang jedoch ziemlich weit gefaßt werden. In einem sehr bemerkenswerten Gespräch zwischen dem Missionswissenschaftler Theo Ahrens und dem Anthropologen Andrew Strathern (auszugsweise abgedruckt in Ahrens, 1986: 229–262) kommt als Interpretationsversuch der alttestamentliche Begriff des ‚Segens' ins Spiel. Strathern, nach zwanzigjähriger Tätigkeit als Anthropologe im westlichen Hochland von Papua-Neuguinea und enttäuscht von der offenkundigen Unfähigkeit der Anthropologie als Wissenschaft, Licht auf Lebensfragen der Menschen zu werfen, trat der pfingstlerischen Philadelphia-Kirche bei, die den Mitgliedern des Stammes, an dem er arbeitete, unleugbare Lebenserneuerung geschenkt hatte. Obwohl er sich als Anthropologe der Zweideutigkeit der Anrufung des ‚Geistes' in einer Situation, in der die ‚Geister' die entsprechende Funktion in der Vergangenheit erfüllt hatten, wohl bewußt war, mußte er anerkennen, daß für diese Menschen hier und jetzt die pfingstlerischen Phänomene unzweifelhaft ‚Heil' bedeuteten. Es fiel den Menschen leicht, nunmehr Christus als „eine außerordentlich überhöhte Ahnenfigur" (Strathern bei Ahrens, 1986: 254) anzusehen, deren Macht nicht auf die Stammesgrenzen beschränkt bleibt, weil sein Vater größer ist als alle Geister. Selbst wenn die Pfingstler alles Einheimische als ‚Satanswerk' abtun und die pfingstlerischen Erscheinungen doch sehr zweideutig bleiben wegen ihrer faktischen Nähe zu den herkömmlichen Riten, akzeptiert Strathern den von Ahrens angebotenen Begriff des Segens als Deutungsrahmen. Befragt, ob „die Religion der Pfingstler hier und jetzt eine positive, integrative Funktion im Gemeinwesen hat" und ob „diese integrative Funktion jener vergleichbar [sei], die traditionelle Religion in der vormodernen Gesellschaft gehabt hatte", antwortet Strathern: „Ich bin sicher, daß es sich so verhält ... Mir scheint, sie bewirkt genau das gleiche. ... Denn sie treten da ein, wo es im Leben der Menschen eine Lücke gibt" (248).

Das Dilemma der Missionskirchen wird an diesen Zeugnissen deutlich. Sie haben unter großen Entbehrungen das Wort gepredigt und einheimische Kirchen gegründet, doch irgendwie geht ihr Angebot des geordneten Gemeindelebens, der medizinischen Versorgung und der Schulbildung an den von den Menschen empfundenen Bedürfnissen vorbei. Selbst neue Vorstöße in Bereiche wie ländliche Entwicklung und Präventivmedizin ändern daran wenig. Dies heißt keineswegs, daß solche Initiativen wegen des mangelnden ‚Erfolgs' im Sinne des ‚kirchlichen Wachstums' nun aufgegeben werden sollten. Es ist auch nicht angezeigt, die traditionelle Medizin zu romantisieren oder die westliche durch sie ersetzen zu wollen. Die Melanesier selber wissen sehr wohl um ihre beschränkte Wirksamkeit außerhalb des psycho-sozialen Kontextes des Dorfes. Es wäre in der Tat ein Verlust, wenn ihr angestammtes Wissen über Heilkräuter verlorenginge; eine ganz andere Sache ist das ‚Geheimwissen' der Zauberer, das einen ‚politischen' Machtfaktor im Dorfleben darstellt und außerhalb dieses Zusammenhangs nicht nur medizinisch unwirksam, sondern sozial schädlich sein kann (vgl. Ahrens, 1978 a). Ein beachtenswerter Vorstoß in diesen Problembereich ist das Christliche Beratungsinstitut, das aus der Arbeit des Melanesischen Instituts in Goroka, Papua-Neuguinea, hervorgegangen ist. Hier werden einheimische Kirchenmitarbeiter und auch Regierungsbeamte in den Methoden des Beratungsgesprächs ausgebildet, während gleichzeitig traditionelle Methoden der Konfliktbewältigung und Heilung durch Beratung untersucht und eingebaut werden.

Trotzdem kommen die Menschen im Pazifik, auch und gerade die Mitglieder der Großkirchen, nicht zur Ruhe. Diese heilige Unruhe hat eine Geschichte, die so alt ist, wie der allererste Kontakt mit Weißen. Fast alle religiösen, sozialen und politischen Phänomene des Südwest-Pazifiks hängen irgendwie mit dieser angespannten Erwartung der Menschen nach einem melanesisch oder entsprechend kulturell vorgestellten ‚Heil' zusammen, das weit über den Bereich der eigentlichen Heilung hinausgeht. Wir werden nicht sehr weit kommen beim Versuch, einheimische Theologien im pazifischen Kontext zu verstehen, bis wir uns mit diesen Heilserwartungen näher beschäftigen.

Schluß: Das magische Weltbild als Gesprächspartner christlicher Theologie

Es kann sein, daß beim Leser die Frage immer noch nicht verstummt ist: Warum so viel ‚Pazifik' und so wenig ‚Theologie'? Obwohl die christliche Welt zum ‚Polyzentrismus' hin sehr wohl in Bewegung geraten ist, ist die Übermacht Europas bei der intellektuellen Produktion und – nicht weniger wichtig! – bei der Festlegung der Normen für authentisches Christentum und glaubensgemäße Theologie nicht wegzudenken. Gerade im Pazifik können wir allerdings nicht im entferntesten auf Gesprächspartner hoffen, die das Interesse an philosophisch und sozialwissenschaftlich ausgebauter Theologie auch nur teilen, geschweige denn ihm Genüge tun. Der australische Ureinwohner oder der Pazifik-Insulaner verbittet sich die Frage, was denn das eine oder andere Bruchstück seiner Kultur ‚bedeutet', denn diese Frage hat nur Sinn auf einer Abstraktionsebene, auf der der kulturelle Gesamtzusammenhang schon negiert ist.

Diese Unverträglichkeit der Weltbilder läßt sich kaum anschaulicher als am ganzen Bereich Krankheit und Tod im Rahmen der ‚biokosmischen' Religion darstellen; daher die Ausführungen dieses Kapitels, die ziemlich direkt in die Mitte der praktischen Entscheidungsfindung der Kirchen führen. Doch sie zeigen auch so etwas wie einen religiösen ‚Mehrwert' an: Nachdem die Menschen im Pazifik erfahren haben, was Gesundheitspflege und überhaupt Anschluß an die westliche Konsumgesellschaft für ihr Wohlergehen bedeutet, wollen sie natürlich daran teilhaben. Wie eine Hochländerin es einmal rückblickend ohne Umschweife ausdrückte: „Als die jungen Männer sahen, wie die Weißen Tagelöhner für den Straßenbau suchten, arbeiteten sie mit, denn sie wollten Geld verdienen, damit sie sich die schönen Dinge leisten könnten, die die Weißen hatten." Genauso, nicht mehr und nicht weniger. Oder doch? In der eher pragmatischen und erdnahen Kultur der Hochländer kommt es vielleicht nicht so augenfällig zum Vorschein, aber gerade die Melanesier haben vom Anfang des Kontaktes mit den Weißen an zu verstehen gegeben, daß sie aufs Ganze gehen wollten: Wenn sie sich schon mit dieser ungebeten auf sie hereinbrechenden neuen Welt abfinden sollen, dann wollen sie das ganze ‚Geheimnis' wissen. Sie wollen nicht Krümel vom Tisch des Herrn, sondern das Recht, am selben Mahl teilzunehmen, und zwar sofort. Wenn dieses Geheimnis irgendwie mit dem Christentum zusammenhängt, dann erwarten sie von den Vertretern des christlichen Glaubens eben des Rätsels Lösung. Auch wenn sie zur Einsicht kommen, daß der christliche Glaube viel ‚mehr' bedeutet, und nachdem sie ihn durch Umkehr und Erneuerung allen Ernstes angenommen haben, ordnen sie ihn in ihr grundsätzlich andersgeartetes Weltbild ein und verlangen nach ‚mehr' als bloß nach Liedern und Lehren. Doch dieses Weltbild selbst hat sich bereits erheblich verändert als Reaktion auf die eindringende westliche Zivilisation.

Seine Erwartungs- und Plausibilitätsstrukturen, auch die ihm zugrunde liegenden Wertvorstellungen, bleiben relativ unberührt, aber der bewußt erlebte und im Wissensvorrat erfaßte Kosmos hat sich ausgedehnt, ist vielseitiger und schichtenreicher geworden. Weit davon entfernt, ‚passiv' und ‚statisch' zu sein, erweist sich dieses Weltbild als dynamisch, widerstandsfähig und anpassungsbereit (vgl. Janssen, 1974 a; 1974 b; Ähnliches ist von den australischen Ureinwohnern bemerkt worden, vgl. Tonkinson, 1988).

Nirgendwo im ganzen Pazifik wurde das Verlangen der Menschen nach ‚Heil' offenkundiger und verursachte solche Spannungen und Konflikte als in Melanesien. Die ‚Anpassungsbewegungen' Melanesiens sind unter dem letztlich irreführenden Namen ‚Cargo-Kulte' weltberühmt geworden. Indem wir uns ihnen nun zuwenden, dürfte uns bewußt werden, daß wir uns längst nicht mehr im anthropologischen Vorfeld melanesischer Theologie aufhalten, sondern uns bereits mitten in der Auseinandersetzung mit ihr befinden.

II. Die Herausforderung der neuen Zeit

4. Kult und Cargo. Die Begegnung von Tradition und Moderne

Praktisch gleichzeitig mit den ersten Kontakten zu den weißen Kolonialbeamten und Missionaren und mit zeitlichen Unterbrechungen und geographischen Verschiebungen kontinuierlich bis heute wurden in allen Teilen Melanesiens einheimische Volksbewegungen registriert, die den verantwortlichen Autoritäten Anlaß zur Sorge und Bestürzung gaben. In seiner geographisch-historischen Gesamtübersicht notiert Steinbauer (1971: 199 – 206) die Mansren-Bewegung in West-Irian ab 1857; die Tokeriu-Bewegung in Papua um 1893; eine erste Bewegung im Sepik-Gebiet Neuguineas um 1930; vorchristliche Cargohoffnung, ausgelöst durch den russischen Forscher Miklouchо-Maclay (siehe seine Tagebücher, 1977), an der Rai-Küste südlich von Madang ab 1871; weitere Bewegungen auf der Huon-Halbinsel und im Morobe-Distrikt ab 1921, im Hochland ab 1943, auf dem Bismarck-Achipel ab 1929; auf den Solomon-Inseln um 1913 und wieder um 1932; auf den Neuen Hebriden ab 1923 und in Neukaledonien seit 1878. Insgesamt führt er 186 historisch erfaßte Kultbewegungen auf. Die wirkliche Zahl ist bestimmt höher, so wie die wirklichen Zeitdaten mit Sicherheit früher liegen, aber bereits dieser Überblick zeigt uns, daß wir es mit einem einmaligen kulturellen Phänomen zu tun haben.

Da diese Bewegungen oft mit millenarisch anmutenden Hoffnungen zu tun zu haben schienen, ganze Schiffsladungen westlicher Konsumgüter (engl. cargo) würden beim Eintreten bestimmter Zeichen oder bei Erfüllung bestimmter Bedingungen die Menschen überschütten, erhielten die Bewegungen bald die Kennzeichnung „Cargo-Kulte", die fortan als Schablone für den „Materialismus der Primitiven" diente. Dadurch, wie Thomas Merton einmal bemerkte, ist den Soziologen eine treffende Beschreibung für die Konsumgesellschaften des Westens verlorengegangen, doch der Terminus paßt nur sehr bedingt zu den tatsächlichen Phänomenen in Melanesien. Am geläufigsten war die Annahme, die Menschen seien von irgendeinem Wahn ergriffen worden; eine der ersten Bewegungen, die von Regierungsanthropologen in Papua untersucht wurde, ging in die Geschichte als „the Vailala Madness" ein. Man schrieb diese Erscheinungen der offensichtlichen psychischen Labilität der Primitiven zu. Später hat man in ihnen ‚Vorformen' westlicher wirtschaftlicher und politischer Strukturen entdeckt und sie als Emanzipations- oder Anpassungsbewegungen apostrophiert. Im großen und ganzen stimmten die Missionare, soweit sie sich überhaupt über disziplinäre Belange und moralische Verurteilungen hinaus dafür interessierten, diesen Deutungsversuchen zu. Es hat eben lange gedauert, bis Weiße irgendwelcher Provenienz in der Lage waren, den religiösen Kern dieser Bewegungen zu erkennen.

Diese Unfähigkeit war verhängnisvoll, denn die eigentlichen Anfänge melanesischer christlicher Theologie liegen genau hier, im „village-Christian dialogue" (Gesch, 1984) der Kultbewegungen. Pastoren und Studenten haben mir wiederholt versichert, daß die wirklichen Herzensanliegen ihrer Mitchristen eher hier als in den ernstgemeinten Predigten der Evangelisten und den braven Examensarbeiten der Seminaristen Ausdruck fanden, auch wenn die Kulte in Kirchenkreisen offiziell als ‚Teufelswerk' galten. Auf jeden Fall stellen sie bis heute noch eins der gravierendsten Pastoralprobleme der Kirchen in Melanesien dar. Dabei darf man nicht vergessen, daß auch dort, wo sie als Kultbewegungen erloschen sind, eine „cargoistische Mentalität" (John Strelan) in allen Bereichen von Wirtschaft, Verwaltung und Politik ihr Erbe bildet. Dies gilt nicht minder für die Kirchen. Im „modernen" Sektor verursacht dies eben ‚Probleme', doch die Melanesier haben eine eigene Tagesordnung, auf der die Prioritäten anders angeordnet sind. Es gilt, diese verborgene Tagesordnung zu entschlüsseln, denn sonst führen christlicher Glaube und melanesische Kultur nur einen Scheindialog. Ich möchte deshalb im folgenden versuchen, dem eigentlichen Anlaß für die Kultbewegungen nachzugehen (4.1), damit wir sie gleichsam von innen erleben können (4.2), denn nur so werden wir ihre Auswirkungen auf die entstehende Theologie im Pazifik (4.3) einschätzen können.

4.1 Die verfehlte Versöhnung

Wir haben bereits zur Genüge gesehen, daß für Melanesier eine Beziehung eingehen heißt, Tauschverhältnisse herstellen. Wir haben uns auch ein Bild davon machen können, wie traumatisch die meisten Erstkontakte gerade der Melanesier mit den weißen Entdeckern, Strafgefangenen, Händlern und Kolonialbeamten waren. Doch nachdem Furcht und Schrecken der Neugier und der Aussicht auf Vorteile Platz gemacht hatten, waren die Menschen natürlich daran interessiert, Beziehungen mit den Neuankömmlingen aufzunehmen. Schon an diesem Punkt traten jedoch verhängnisvolle Mißverständnisse auf. Gerne traten die Melanesier gegen die paar Wertgegenstände, die die Weißen anboten, das Recht, bestimmte Grundstücke zu benutzen, an die Europäer ab, ohne ahnen zu können, daß letztere darunter die Übergabe des Landes selber in ihr Eigentum verstanden. Als dann Gebäude errichtet und Plantagen angelegt, die Männer als Tagelöhner gedungen und die Frauen aus ihren Dörfern und Gärten gejagt wurden, waren die Menschen bestürzt. Was konnten sie anbieten angesichts der Entfaltung des ganzes Apparates weißer Kolonisierung, um die aus dem Lot geratene Beziehung wieder ins Gleichgewicht zu bringen? Was sollten sie halten von der immer erdrückender werdenden Überlegenheit dieser Wesen, die über scheinbar grenzenlose Mengen aller denkbaren Waren verfügten, die ihnen aus den Bäuchen der Schiffe unbeirrt zuflossen?

Die Weißen ließen auch keinen Zweifel daran, daß sie die Schwarzen für minderwertig hielten. Selbst Missionare hielten die Spannung zwischen ihrem westlichen Überlegenheitsgefühl und ihrem evangelischen Auftrag nicht immer aus. Auch sie fällten manchmal Entscheidungen, ohne die Einheimischen auch nur zu beachten. Allzu oft hatten sie etwas an den Bräuchen der Melanesier auszusetzen. Manche gingen so vor, als seien die Einheimischen lauter Nichtse, und als solche kamen sie sich bald vor. Dringend mußten sie versuchen, dieses Urereignis, die Ankunft der Weißen, zu deuten und zu beherrschen, sonst wäre ihr Untergang besiegelt. Es ist wichtig, sich darüber klar zu sein, daß sie sich nichts weniger als dies vornahmen. Von Anfang an war es ihr Bestreben, zum Kern des Geheimnisses der Überlegenheit der Europäer vorzustoßen. Ein solches Unterfangen war ihnen nur vorstellbar, indem sie die neue Wirklichkeit der Weißen im Rahmen ihrer Mythen integrierten, damit sie dann Hinweise auf die geeigneten Riten fänden, um diese Wirklichkeit beeinflussen zu können.

Ein an der Madang-Küste Neuguineas vorherrschender, aber in vielen Teilen Melanesiens in verschiedenen Formen verbreiteter Mythos spielte dabei eine wichtige Rolle (Texte bei Ahrens, 1986:

14–28; Strelan, 1986: 471; Pech, 1979; Ahrens/Hollenweger, 1977: 75–80). Er erzählt von zwei Brüdern, Manup und Kilibob, die einen Streit haben, als der eine die Frau des anderen zu verführen versucht (die Namen werden in manchen Versionen vertauscht). Der klügere Bruder zieht in seinem Kanu los, bewältigt Inseln und Riffe und beschafft Geräte und Früchte, während der langsamere Bruder zurückbleibt. Bei der Ankunft der Weißen lag eine Interpretationsmöglichkeit auf der Hand: Der kluge Bruder, der oft als ‚weiß' vorgestellt worden war, war endlich von jenseits des Horizonts, also vom Land der Ahnengeister, zu seinen minderbemittelten braunen Brüdern mit Geschenken in Hülle und Fülle zurückgekehrt. Die Leute waren also fest davon überzeugt, daß die Waren der Weißen ihnen zustanden. Warum dann teilten die Weißen ihr Cargo mit den Einheimischen nicht? Warum vereitelten sie jeden Versuch, angemessene Tauschbeziehungen einzugehen?

Darauf konnte es nur eine Antwort geben: Wegen ihrer Dummheit hatten die Braunen die Riten vergessen oder übersehen, die selbstverständlich notwendig waren, um Zugang zum Cargo zu erhalten. Es wurde ihnen also zum dringenden Bedürfnis, diese von den Weißen geheimgehaltenen Riten ausfindig zu machen. Im Rahmen der ‚magischen Rationalität' ist der Gedankengang vollkommen logisch. Immer dann, wenn die Frustrationen und Spannungen der Leute unerträglich wurden, wurden ‚soziale Experimente' angestellt, um den Initiationsritus zu finden, der den Durchbruch in die Welt der Weißen brächte. Dies waren die Cargo-Kulte. Es waren gewaltige Denkanstrengungen in einem kulturellen Zusammenhang, in dem das Denken kommunale und rituale Formen annimmt. Zwar gab es meistens einen Führer, einen Visionär, der für die bereits vorhandene Sehnsucht der Leute Symbole schuf. Aber die Bewegungen waren ganz und gar Schöpfungen des Volkes. Es ergaben sich die nach außen als absurd erscheinenden Praktiken der Kultanhänger: Die Bedienung des Feldradios oder das Hissen der Fahne, das Lesen in Büchern oder das Drillen der Polizeitruppen wurden gemimt in der Hoffnung, daß vielleicht in einer dieser den Leuten genauso absurd erscheinenden Handlungen das rituelle Geheimnis verborgen lag; oder das Geld, das magische Totemobjekt der Weißen schlechthin, wurde begraben, gekocht, kombiniert oder in ‚Geldmaschinen', z. B. in rote Kästchen oder ausrangierte Kassen, gelegt, in der Erwartung, es werde sich vermehren; schließlich wurden sexuelle Vereinigungen, manchmal auf Friedhöfen, praktiziert. Das „Mount Rurun Movement" des Matias

Yaliwan im Gebiet des Sepik-Flusses ist eine der „klassischen“ Bewegungen Melanesiens, die auf ihrem Höhepunkt 1971 Aufmerksamkeit im ganzen Pazifik erregte und in allerletzter Zeit wieder Schlagzeilen machte. Der Kult entspann sich um zwei geodätische Markierungssteine, die die Amerikaner während des Krieges auf dem Gipfel des Rurun-Berges angebracht hatten. Wie viele andere Kultführer hatte Yaliwan außerhalb seiner Heimatprovinz in Madang und Lae gearbeitet und bei der Polizei gedient (vgl. Gesch, 1985: 27 ff.). Sein Weggefährte Daniel Hawina hatte auch auswärtige Erfahrungen in Wewak und Rabaul. Yaliwan hatte ein gespanntes Verhältnis zur katholischen Ortskirche in seinem Dorf Yangoru. Einmal fand er einen Schlüssel, dessen religiöse Verzierung nahelegte, daß er zu einem Tabernaculum gehört hatte. Für Yaliwan jedoch rief dieser Schlüssel die biblisch-eschatologische Symbolsprache der Johannesapokalypse in Erinnerung, und nachdem ein katholischer Priester, dem er den Schlüssel gegeben hatte, sich weigerte, ihn Yaliwan zurückzugeben, schlich sich bei ihm die Überzeugung ein, daß man ihm ein wichtiges Geheimnis vorenthielt. Um den Markierungsstein, den Fremdkörper am heiligen Ort des Berggipfels, kristallisierten sich Yaliwans unruhige Vermutungen und Gefühle. Die dramatische Entfernung des Steins am 17. Juli 1971 war nur ein Kapitel in der Geschichte der hartnäckigen Suche Yaliwans nach dem Schlüssel zum Geheimnis der Weißen. Gesch (1985: 128 ff.) macht nicht weniger als 16 Phasen aus, die diese Bewegung durchlaufen hat. Im Bereich traditioneller Religion gab es eine millenarische Phase, einen Cargo-Kult im eigentlichen Sinne, Toten- und Fruchtbarkeitskulte; politisch hat die Bewegung den zivilen Ungehorsam, den Nationalismus und die Teilnahme an der nationalen und der lokalen Politik ausprobiert; verschiedene Formen wirtschaftlicher Betätigung wurden ausgeübt; es wurden Frauenvereine und eine Schule gegründet; und schließlich durchlief die Bewegung eine ausdrücklich kirchliche Phase als „Neuapostolische Kirche“.

Gesch (1983, 1985) hat nicht nur den äußerlichen Ablauf der Bewegung, sondern auch deren Wurzeln in der Dorfreligion Yaliwans untersucht. Der zentrale und identitätsstiftende Ritus dieser Religion ist die Initiation, und Gesch weist überzeugend nach, daß Yaliwan nichts anderes als die geeignete Initiation in die moderne Welt gesucht hat. Er legt viel Wert darauf, daß Yaliwan und seine Anhänger die Initiative ergriffen und mit ihren eigenen kulturellen Mitteln den Versuch unternahmen, die Moderne zu begreifen – nicht intellektuell oder theoretisch, sondern so, daß sie mit praktischen Ergebnissen für das ganze Volk rechnen könnten. Das gegenseitige Mißverständnis zwischen Yaliwan und dem westlichen Sektor, zu dem er so gern Zutritt gehabt hätte, war vollkommen und auch tragisch. Das vorläufige Ende der Bewegung kam im Feburar 1987, als Yaliwan wegen des rituellen Mordes an einem der zum Kult gehörenden „Blumenmädchen" verhaftet und angeklagt wurde. Schon die Anstiftung oder Zugehörigkeit zu einem ‚Cargo-Kult' ist im modernen Papua-Neuguinea illegal. Aber das Erbe Yaliwans und der anderen Kult-Führer ist alles andere als erloschen. Die Aufgabe, die Auswirkungen dieses Erbes auf Volksreligion und Theologie im Pazifik zu untersuchen, ist noch kaum in Angriff genommen worden. Um diese Aufgabe mindestens im Ansatz wahrzunehmen, müssen wir unser Blickfeld auf die neureligiösen Bewegungen in Melanesien und anderswo erweitern.

4.2 Das heilige Geld und der heilige Geist

Das Geld, so will mir scheinen, ist das Allerfremdeste, was die Europäer in den Pazifik hineingetragen haben, und die Meinung von Marx, daß das Geld auch ent-fremdet, wird dort sehr anschaulich bestätigt. Zwar hatten die Völker des Pazifik Äquivalente zum Geld, z. B. das ‚Muschel-Geld' der Tolai auf Neubritannien, auch Schweine- und Hundezähne oder Federschmuck, doch dies waren Bestandteile der rituellen Tauschhandlungen, die Beziehungen innerhalb der Stämme und zwischen ihnen festigten, und waren daher ‚religiös'. Die Vorstellung, daß man Tauschbeziehungen so abstrakt gestalten könnte, daß sie völlig objektiviert und entpersonalisiert würden, war nicht nur fremd, sondern auch bedrohlich. Sie ist es noch heute jedem, der versucht, einen kleinen Lebensmittelladen (trade store) zu starten oder auch Kirchengelder zu verwalten. Das Bedürfnis, mit den Verwandten und Stammesgenossen gut zu stehen – was so viel heißt wie sie zu Schuldnern zu machen – siegt meistens über wirtschaftliche Rationalität.

Doch was beobachteten etwa die Melanesier am Umgang der Europäer mit dem Geld? Ist es nicht „der größte Fetisch unserer Zeit", „der Gott dieser Welt", die Apotheose und das Sakrament der Macht? (siehe den anregenden Aufsatz von Trompf, 1980: 1 ff.). Es lag schon nahe, daß die Anhänger Yaliwans, als seine Bewegung sich in die „Peli Association" verwandeltete, einen regelrechten Kult des Geldes entwickelten, bei dem die ‚Blumenmädchen' Geldkisten hin und her schüttelten, während junge Männer sie von hinten an den Brüsten festhielten, und die Geldkisten in Friedhöfen begraben wurden. Ein ‚Tischritus' für die Vermehrung des Geldes, der möglicherweise Anklänge an die katholische Messe enthält, gehörte auch zum vielleicht berühmtesten aller Cargo-Kulte, dem des Yali aus Sor an der Rai-Küste bei Madang (vgl. Trompf, 1980: 7).

Auch Yali hatte in Rabaul gearbeitet, wo er die Auswirkungen der Weltwirtschaftskrise der zwanziger Jahre und die Unruhen unter den einheimischen Hafenarbeitern mitbekommen hatte. Während des Krieges hatte er den Alliierten wertvolle Dienste geleistet, und als er in sein Dorf zurückkehrte, hatte er konkrete Pläne, sein Volk zu wirtschaftlicher Selbsthilfe anzuleiten. Doch ein Kult aus Madang, die Letub-Bewegung, die 1937 entstand und sich während des Krieges auf der Grundlage einer christlichen Umwandlung des Manup-Kilibob-Mythos und der Einverleibung des Letub-Tanzes schnell ausbreitete, hielt die Leute noch im Bann, und Yalis Reformpläne nahmen unaufhaltsam die Gestalt eines Kultes an. Nachdem er sich 1949 als Messias und König ausrufen ließ, wurde er verhaftet, aber weder das Gefängnis noch eine von der Mandatsregierung bereits vor seiner Verhaftung organisierte Reise nach Sydney, wo er die Ursprünge des Cargo in Fabriken beobachten konnte, brachten Yali von seinen melanesischen und millenarischen Vorstellungen ab, obwohl er 1973 kurz vor seinem Tod dem Kult absagte (vgl. Strelan, 1986: 476–7, 479). Dennoch besteht seine Bewegung als wok bilong Yali oder die lo bos Bewegung unter der Führerschaft von Beig Wen in der Stadt Madang und an der Rai-Küste bis heute fort (Strelan, 1986: 482).

Ein noch frappierenderes Beispiel der Übermacht des Cargo-Denkens ist die Bewegung des Paliau Maloat, eines ehemaligen Polizisten, der nach dem Krieg sehr umfassende Pläne für die soziale und wirtschaftliche Reform seiner Heimatinsel Manus (nördlich von Madang) entwarf. Auch seine Bewegung übernahm kultische Elemente von einem Anführer namens Wapei, und auch Paliau wurde vorübergehend inhaftiert. Doch es war immer sein Bestreben, sich politisch zu betätigen und seine Bewegung als eine Reformbewegung und keinen Kult zu verstehen (vgl. Schwarz, 1984a: 238–9). Andererseits hatte er eine eigene Kirche gegründet, deren Ritus wie eine Art parlamentarische Liturgie aussieht und dessen Glaubensbekenntnis auch ein politisches Manifest ist (für den Text siehe May, Hrsg., 1985: 31–43). Ein weiteres Beispiel für die Verschmelzung von kultischen und geschäftlichen Interessen ist ein Anfang der siebziger Jahre in Lae gegründetes Wirtschafskooperativ zur Entwicklung der ländlichen Gebiete um Pindiu in der Morobe-Provinz. Es trug den Namen „Pitenamu Association" (zusammengesetzt aus den Anfangsbuchstaben der beteiligten Regionen), aber auch dies artete in einen Kult des Geldes aus, offensichtlich unter dem Einfluß früherer Kulte wie der „Skin Guria Movement" der vierziger Jahre und des Tanget-Kultes jüngeren Datums (vgl. Schwarz, 1984 a: 237).

Es überrascht deshalb nicht, daß die Cargo-Kulte überhaupt als protopolitische Protestbewegungen gegen die koloniale Vorherrschaft interpretiert worden sind, vor allem durch Worsley (1957; siehe Schwarz, 1984 a, 242). Die Untersuchung der Yali-Bewegung durch Lawrence (1964) jedoch hat gezeigt, daß man ihrem religiösen Charakter nicht gerecht wird, wenn man behauptet, sie seien ‚nichts als' Protestbewegungen. Nach neueren Zeugnissen (Andrew, 1984, und mehrere Beiträge in Loeliger/Trompf, Hrsg., 1985) ist es nicht hinreichend, die Kulte als ‚Ventil für Frustrationen' oder ‚Ausdrücke psychischer Instabilität' zu erklären. Es gibt Fälle, in denen die Anstifter zur Kulttätigkeit psychisch krank waren, und solche Gefühlsausbrüche ziehen immer psychisch labile Menschen an, doch die Bedeutung dieser Kulte für die meisten ihrer Anhänger geht weit darüber hinaus. Ihnen liegt vielmehr eine echt melanesische ‚Ideologie' zugrunde, die Schwarz wie folgt zusammenfaßt:

1. Der Glaube, daß die Melanesier ihre wahre Identität und damit die Fülle des Lebens durch die törichte oder sündhafte Tat eines Ahns verloren haben.

2. Die Erwartung der Wiederkehr eines Ahns (oder von Ahnen), die die verlorengegangene Identität wiederherstellen und ein Goldenes Zeitalter zurückbringen werden.

3. Die Vision von einem diesseitigen Heil als etwas im Hier und Jetzt konkret und materiell Erfahrbaren und die ganze Gemeinschaft sowie die ganze Schöpfung Umfassenden.

4. Der Glaube, daß die Kenntnis des korrekten Rituals und seiner fehlerlosen Ausführung den Weg zur Ankunft des Tages des Heils erschließen wird (Schwarz, 1984 a: 243).

Der lutherische Theologe John Strelan (1977 a: 1977 b) hat als erster versucht, die Kulte vom Neuen Testament her als ‚Heilssuche' zu deuten, indem er das ‚Cargo', die herbeigesehnte Ware, als sehr melanesisches, obschon modern angepaßtes Symbol des Heils als allumfassenden Lebens deutete.

Relativ früh hat es in der Tat Bewegungen gegeben, deren

Motivation eindeutig religiös und sogar ausdrücklich christlich war. Nach dem Weggang des eigenwilligen lutherischen Missionars Christian Keysser aus Neuguinea 1920 kam es zu Spannungen mit seinem Nachfolger auf dem Sattelberg (bei Finschhafen, Huon-Halbinsel; zum schwierigen Nachlaß Keyssers siehe Ahrens, 1988). Ein Gemeindeführer namens Selembe, der einige Jahre im Dienst der Regierung in Rabaul verbracht hatte, empfing eine Botschaft vom Heiligen Geist und rief eine Erneuerung ins Leben, die den Namen Eemasang (= Hausreinigung) erhielt (dazu Strelan, 1986: 473–476). Bis 1933 hatte Eemasang als Gemeindeerneuerung ihr Ziel erreicht, doch zwei weitere Rabaul-Rückkehrer, Tutumang und Mutari, die die im Streik von 1929 gipfelnden Unruhen der zwanziger Jahre dort mitbekommen hatten, stachelten einen regelrechten Geld-Kult an. Obwohl dieser ab 1922 in Gang war, haben die Europäer erst 1927 davon Notiz genommen. Dessen Enthüllung entfachte eine spirituelle Krise in der Kirche, doch ab 1930 dienten die Reinigungsrituale der Eemasang-Bewegung eher dem Kult: geistliche Reinheit sollte Geld herbeiführen. Es kam zu einer Abrechnung der Missionare mit den Kult-Anhängern, sogar zu einer öffentlichen Entschuldigung, die von Keysser verlangt wurde. Doch 1946 brach die „Skin Guria" (Körperschütteln)-Bewegung unter den Hube aus, gefolgt von verschiedenen Phasen der „Tanget" (Zauberpflanze)-Bewegung, die ab 1947 mit neuen Ausbrüchen 1956, 1960, 1968 und 1970 bis heute andauert (siehe Strelan, 1986: 480).

Die Bewegungen waren also nicht nur Auseinandersetzungen mit den äußerlichen Einwirkungen der modernen Welt, sondern durchaus auch mit dem christlichen Glauben, der als Bestandteil dieser neuen Welt gesehen wurde. Sie und die Gegenmaßnahmen, zu denen sie die Kirchen nötigten, enthalten ernst zu nehmende theologische Ansätze. Mancher Kultführer wurde zum ‚melanesischen Jesus' erkoren, der Zwei-Brüder-Mythos wurde gelegentlich umgedeutet, damit Jesus unter den Ahnen Platz nehmen konnte, und die Weltuntergangserwartungen, die wiederholt zur Vernachlässigung der Arbeit führten, entstammten den eschatologischen Passagen der Bibel. Die Eemasang-Bewegung und auch die Kukuaik-Bewegung auf den Inseln Karkar und Bagabag nördlich von Madang (vgl. Strelan, 1986: 478) brachten vor allem Lieder hervor, in denen einheimische Christen der ersten Generation darum rangen, als Melanesier eine Beziehung zu Christus zu finden (für Beispiele und weitere Originaldokumente aus diesen und anderen Bewegungen im lutherischen Einflußgebiet, siehe Fugmann,

Hrsg., 1986 b: 180–238). Gerade in den Jahren intensiver Cargo-Tätigkeit, etwa 1932–1942, verfaßten die belsprachigen Christen Madangs eine große Zahl schöner und theologisch tiefsinniger Kirchenlieder, darunter auch solche, die vor der Verführung durch die Kulte warnten (siehe die bahnbrechende Untersuchung dieser Lieder durch Pech, 1977, mit Originaltexten und Übersetzungen, und die Auswahl revidierter Übersetzungen bei May, Hrsg. 1985: 9–16).

Heute, da die Heilig-Geist-Bewegungen mit der dazugehörigen Erfahrungs-Theologie die Szene beherrschen, kann man leicht übersehen, daß damals nicht nur in Neuguinea, sondern auch in anderen Teilen des Pazifik die Grundlagen einer kontextuellen Christologie gelegt wurden. Auch die damaligen Kirchenführer scheinen dies übersehen zu haben: Die offizielle Stellungnahme der Generalsynode der Ev.-Luth. Kirche von Papua-Neuguinea (1964) gegen die Cargo-Kulte erwähnt Christus überhaupt nicht (Text bei Strelan, 1986: 481; Dokumente der früheren Auseinandersetzungen bei Fugmann, Hrsg., 1986 b: 203–218; zur Interpretation siehe insbesondere Ahrens, 1986: 93–127). Die Verantwortlichen, ob Einheimische oder Weiße, neigten stark dazu, die Bewegungen rundherum als ‚heidnisch' abzulehnen und zu Disziplinarmaßnahmen zu greifen. Doch den Sprechern der eigentlichen Dorfgemeinden mangelte es nicht an theologischer Urteilskraft:

> Vielmehr sind sie es, die den impliziten, fast unbewußten Dialog, den der einzelne Christ in seiner täglichen Lebensführung mit der Tradition führt, auf eine bewußte Ebene heben und so die Grundlage dafür legen helfen, daß der christliche Glaube vor dem Hintergrund melanesischer Traditionen und angesichts der Herausforderung durch den sozialen Wandel sein eigenes Profil und damit auch ökumenische Relevanz gewinnt (Ahrens, 1986: 47).

Auf die Frage, als wer denn Christus sich diesen Menschen darstellt – in der Formulierung von Ahrens: als „Anfänger des Glaubens" oder als neuer „Kulturheroe" (vgl. Ahrens, 1986: 128–134) –, müssen wir später zurückkommen.

4.3 Die Vertreibung aus dem Garten

Die Cargo-Kult-Bewegungen Melanesiens sind keineswegs Einzelphänomene. Bei einem großangelegten Versuch, die millenarischen Bewegungen systematisch zu erfassen, zieht Bryan Wilson (1973) Beispiele aus aller Welt heran und greift dabei weit über die Grenzen des

Christentums hinaus. Im christlichen Bereich sind die ‚unabhängigen Kirchen' und sonstigen ‚synkretistischen' Bewegungen das Ergebnis von fünf Jahrhunderten der erfolgreichen Evangelisation unter den Stammesvölkern der Kontinente, einschließlich des pazifischen ‚Kontinents aus Wasser'. In Süd- und Nordamerika hat man je etwa 100 solche Bewegungen ausgemacht, auf den Philippinen 500, in Korea 200 und vereinzelt auch in Indien und Südost-Asien. Doch in Afrika gibt es schätzungsweise bis zu 10 000 neureligiöse Bewegungen meist christlich-kirchlicher Art mit vielleicht 10 Millionen Anhängern (siehe den Überblick bei Schwarz, 1984 a: 232). Im Pazifik nehmen die neuen Bewegungen außerhalb Melanesiens meist auch kirchliche Gestalt an, so in Samoa, Tonga und Hawaii, obwohl es unter den Maori ‚hebräistische' Formen gibt (vgl. Turner, 1977 b: 43 – 44). Auf Fidschi gibt es die Daku-Gemeinschaft und die „Gemeinde der Armen" des Sekaia Loaniceva (siehe Loeliger/Trompf, Hrsg., 1985) und auf den Salomon-Inseln die „Christliche Gemeinschaftskirche" des Silas Eto (dazu Tuza, 1977, 1985). Garry Trompf meint, bis zu 15 kirchenähnliche Bewegungen in Melanesien ausmachen zu können; doch davon hatten mindestens sieben ihre Ursprünge in Kultbewegungen (Trompf, 1984: 34; 1983). In Nordaustralien schließlich scheinen einheimische religiöse Bewegungen die Form von pfingstlerischer Erneuerung angenommen zu haben (vgl. Gondarra, 1986: 1 – 12; 1988).

Im ganzen Pazifik kommt also die Auseinandersetzung zwischen Stammeskultur und Christentum, der Dialog zwischen Dorf und Kirche, der Prozeß der Kontextualisierung nirgendwo so deutlich zum Ausdruck wie in den nativistisch-millenarischen Bewegungen Melanesiens. Sie haben eine ganze Reihe einheimischer ‚Propheten' hervorgebracht (siehe Trompf, Hrsg., 1977), deren Anliegen es war, ihre Völker unter Bewahrung ihrer Identität und Integrität auf ihren Entdeckungsreisen in die fremde neue Welt zu führen. Dabei benennt das Stichwort ‚Identität' einen zentralen Aspekt dieses religiösen Gärungsprozesses, was in den Schriften von Bernard Narokobi (1977; 1980 b; 1983; 1986; 1987) und bei anderen Intellektuellen des Südpazifik (siehe den Überblick bei Ahrens, 1986: 175 – 228) sehr deutlich zum Ausdruck kommt. Schon die erste Bewegung mit der weißen Zivilisation, sozusagen auf Distanz unter den Bedingungen der Kolonial- und Mandatszeit, war desorientierend und auch schmerzhaft. Die Melanesier sahen sich sofort genötigt, ihr ganzes Weltbild im einzig zur Verfügung stehenden Medium der kommunalen und ritualen Handlung neu zu gestalten. Schade, daß die Weißen ein solches Bedürfnis, wenn überhaupt, erst sehr spät empfanden.

Heute, da immer mehr Pazifik-Menschen die nicht mehr bloß ‚weiße' oder ‚westliche', sondern ‚globale' Zivilisation aus nächster Nähe erfahren, in den Firmen und Verwaltungen ihrer unabhängig gewordenen Länder, wird die Identitätsproblematik eher verschärft, ohne daß die christlichen Kirchen wie einst in der Lage wären, die neue, moderne Identität zu vermitteln. Schon sehr früh (wie die von Fugmann, 1986: 159–176, herausgegebenen Originaldokumente deutlich zeigen) erlebten fromme Missionschristen bei ihren Arbeitsaufenthalten in den Städten und auf Plantagen ganz andere Seiten der weißen Kultur: Zynismus nicht nur gegenüber den einheimischen Bräuchen, sondern auch gegenüber dem Christentum, der mit Immoralität und Illegalität einherging. Dazwischen kamen die völlig verwirrenden Ereignisse des Zweiten Weltkrieges, als die Japaner und dann die Amerikaner plötzlich auftauchten und bald wieder verschwanden. Doch im Kontext des Alltags ist es kaum weniger traumatisch, die Polarisierung zwischen Dorf und Stadt (dazu Ahrens, 1986: 180–192) und die Spannung zwischen der ‚Kaukau- (Süßkartoffel-)Ethik' des Stammes und der ‚Kaffee-Ethik' der Geschäftswelt (Giddings, L., 1986: 153) zu erleben. Auch wenn man der Meinung ist, daß die einheimisch-religiösen Bewegungen in den Augen der Melanesier letztlich gescheitert sind beim Versuch, diese neuen Erfahrungen in ihr traditionelles Weltbild zu integrieren, muß man ebenfalls gestehen, daß die tiefgreifenden Auswirkungen der Neuzeit auf Ehe und Familie, auf die Erziehung der Jugend und nicht zuletzt auf die politische Moral von der christlichen Predigt und Sozialethik nicht mehr bewältigt werden. Diese Problematik wird uns in den nächsten zwei Kapiteln beschäftigen.

Schluß: Die pazifische Tagesordnung bleibt in Kraft

Die Meinungen darüber, was den religiösen Synkretismus ausmacht und welche Implikationen er für den christlichen Glauben hat, bleiben geteilt (vgl. Ahrens, 1974). Für evangelikale Christen ist dies ein Schimpfwort, das den Ausverkauf und Verrat des Glaubens an das Heidentum anzeigt. Es kann auch nicht darum gehen, selektive Zusammenschmelzungen von Elementen aus pazifischen Kulturen und christlichen Denominationen in die Welt zu setzen. Doch es macht schon einen Unterschied, ob wohlmeindende Ausländer sich daran versuchen oder ob einheimische Christen die Initiative ergreifen (vgl. May, 1986 b). Wie ein Kollege in Papua-Neuguinea es einmal ausdrückte: „Das beste Anzeichen von Einheimischwerden ist, daß es dem Missionar mißfallen wird." Trotzdem darf es keine Ablehnung geben ohne Dialog. Je mehr anerkannt wird, daß der ‚melanesische Weg' (Narokobi, 1980 b) wie auch der ‚pazifische Weg' (Crocombe, 1976) nicht nur toleriert zu werden verdienen, sondern einen eigentümlichen menschlichen Wert in sich tragen, sind es nicht so sehr die ‚primitiven' Stammeskulturen als die ihnen übergestülpten westlich-christlichen Vorstellungen und Strukturen, die auf die Probe gestellt werden. Trotz eines guten Jahrhunderts der intensiven, obschon kaum literarisch festgehaltenen Auseinandersetzung kommt der eigentliche Dialog der ungleichen Partner erst jetzt – nachdem viele Völker kulturell, wenn nicht physisch vernichtet worden sind – richtig in Gang. Ist es für beide Seiten zu spät, wirklich und mit praktischen Auswirkungen voneinander zu lernen? Diese Frage werden wir im folgenden im Auge behalten müssen.

5. Fortschritt oder ewige Wiederkehr? Die religiöse Dimension der „Entwicklung"

Das Wort ‚Entwicklung' hat eine schlechte Presse. Seit den sechziger Jahren haben aufeinanderfolgende ‚Entwicklungsjahrzehnte' zwar punktuelle Verbesserungen hervorgebracht, und manche Länder wie Japan, Indien und Brasilien sind von sogenannten ‚Schwellenländern' zu neuen Industriestaaten avanciert, indem sie mit mehr oder weniger Erfolg den wirtschaftlichen Rezepten des Westens gefolgt sind. Doch die Lage der wirklich Armen ist immer noch verzweifelt, und alle Vorschläge, gemeinsam an der Errichtung einer neuen Weltwirtschaftsordnung (NIEO), die allen zugute käme, zusammmenzuarbeiten, sind von den Meinungsmachern im Westen und in den internationalen Organisationen abgewimmelt worden. Trotz der positiven Impulse, die von der Enzyklika Populorum Progressio von Papst Paul VI. (1967) und der Genfer Konferenz des Weltkirchenrats über die sozialen und technischen Revolutionen unserer Zeit (1966) ausgegangen sind, sind vor allem die Befreiungstheologen Lateinamerikas zum Schluß gekommen, ‚Entwicklung' sei nicht viel mehr als ein imperialistisches Komplott des Westens, die Länder der ‚Dritten Welt' in einem Dauerzustand der Abhängigkeit zu halten. Neuerdings stimmen auch die Wirtschaftswissenschaften in die allgemeine Verdammung der Entwicklung ein. Führende Entwicklungsexperten wie René Dumont und Serge Latouche sind der Meinung, die letzten vierzig Jahre hätten nichts als Fehlentwicklungen wie die Zerstörung der Umwelt, die Verschärfung der Hungersnot und den Kulturverlust hinterlassen (dazu Goulet, 1987: 314 ff.; May, 1987 c: 57 ff.). Statt diese Verurteilung der Entwicklung kritiklos zu übernehmen, sollten wir uns vielmehr die Situation der Südpazifik-Staaten näher ansehen. Sicherlich haben ihre Kulturen schwere Schäden erlitten, die sich auf Gesundheit, Umwelt, öffentliche Moral und auf die Fähigkeit, Aufgaben der Entwicklung überhaupt in Angriff zu nehmen, verhängnisvoll ausgewirkt haben. Doch ebenso wahr ist, daß Entwicklung in irgendeinem Sinne für diese winzigen und völlig ungeschützten Bevölkerungen eine schiere Überlebensnotwendigkeit ist. Sie sind in ihrer Existenz bedrohte Völker; nur indem sie sich innerhalb der neuen globalen Zivilisation behaupten, haben sie Überlebenschancen. Sie sind in der qualvollen Lage, daß für sie die Entwicklung beides zugleich ist: Sinnzerstörung und Weg in die Zukunft. Die ‚Mythen' des Westens begegnen ihren Mythen und drohen sie zu verdrängen; und so wie sie in der Vergangenheit Opfer der konfessionellen Streitigkeiten wurden, werden sie nun von den ideologischen Kämpfen der Gegenwart auseinandergerissen. Dennoch erweisen sich ihre Kulturen als widerstands- und überlebensfähiger, als früher geglaubt wurde.

Unter solchen Umständen liegt es nahe, daß wir zunächst den Begriff ‚Entwicklung' näher untersuchen (5.1). Unser Hauptaugenmerk muß jedoch der Erfahrung der Pazifikvölker mit dem Entwicklungsprozeß gelten (5.2); erst dann werden wir in der Lage sein, die theologischen Auswirkungen der Entwicklungsproblematik in ihren Augen richtig einzuschätzen (5.3).

5.1 Die Entmythologisierung der Entwicklung

Vielleicht das Allerwichtigste, worüber man sich im klaren sein muß, ist, daß die Entwicklung für die Völker des Südpazifik nichts grundsätzlich Neues ist. Wer dem entgegnet, daß etwa die australischen Ureinwohner geradezu das Musterbeispiel eines unter-, ja unentwickelten Volkes darstellen, muß einsehen, daß es gerechter wäre, sie als ihrer Umwelt vollkommen angepaßt zu betrachten, einer Umwelt, in der Weiße nur mit Hilfe technischer Geräte überhaupt überleben können. Der Entwicklungsprozeß, der diese Anpassung ermöglicht hat, hat sich allerdings über Jahrtausende erstreckt. Inzwischen meinen Paläontologen, daß die Ureinwohner der einst durch eine Landbrücke verbundenen Inseln Neuguinea und Australien seit vierzig-, vielleicht fünfzigtausend Jahren dort heimisch sind.

Um sich eine Vorstellung davon zu machen, wie anpassungsfähig die Melanesier sind, braucht man nur ein Beispiel von der vorletzten Entwicklungsstufe zu nehmen: die Einführung der Stahlaxt durch Händler und Missionare. In Melanesien hat diese zu einer wirtschaftlichen Revolution geführt. Ohne die langen Vorarbeiten, die für die Herstellung einer Steinaxt notwendig sind, ließ sich nun mehr Arbeit in kürzerer Zeit erledigen, um von der Verwendung bei der Kriegsführung gar nicht zu reden. Der Besitz der Stahlaxt betraf unmittelbar die Stellung des bigman als Anführer des Stammes, doch unter Völkern, die mit Metallen nicht arbeiteten, hing ihr Besitz ausschließlich von Handelsbeziehungen ab, die letztlich bis außerhalb des Kulturkreises hinführten. Insofern kündigte die Stahlaxt die ganze neue Wirtschaftsordnung an, die mit der Einführung der Geldwirtschaft und der westlichen Technik begann.

In der Vergangenheit jedoch hatten die Völker Melanesiens Neuerungen bewältigt, deren Folgen noch schwerer wogen. Vor etwa 9000 Jahren haben sie völlig unabhängig von anderen Kulturzentren und ungefähr gleichzeitig mit ihnen den Gartenbau erfunden, was die Grundlage jeglicher darauffolgenden Zivilisationsstufe gelegt hat. Seit etwa 5000 Jahren übernehmen sie weitere Neuerungen wie die Einführung der Banane, der Knollenfrüchte und des Schweins aus Südost-Asien; und vor etwa 400 Jahren ist die Süßkartoffel (patata; kaukau) durch portugiesische Seefahrer zu ihnen gelangt (vgl. Swadling, Hrsg., 1981). All diese Entwicklungen forderten Anpassungen, die bis in die Grundlagen der einheimischen Kulturen reichten, denn wirtschaftlich-technische, sozial-struktuelle und religiös-ideologische Entwicklungen bedingen einander (vgl. Whiteman, 1984 b). Ähnliches gilt für die Polynesier, die gelernt haben, den ganzen Südpazifik in ihren Hochseekanus zu durchqueren, indem sie sich an den Sternen orientierten.

Die Entwicklung ist also für diese Völker kein vollkommen fremdes Erlebnis. Neu ist vielmehr die Vorstellung, daß die Ordnung der Natur, die Strukturen der Gesellschaft und überhaupt die Zukunft von Menschen fast beliebig beeinflußt und verändert werden können; neu ist außerdem die Ungleichzeitigkeit und Schnelligkeit, mit der wissenschaftlich-technische Innovationen, die sich zunächst (nicht ohne Zusammenhang mit dem christlichen Glauben) in Europa ergeben haben, völlig unvermittelt und alle auf einmal auf sie eingestürzt sind. Die Einseitigkeit dieses Vorgangs verführt uns leicht zu der Annahme, die Aufgabe der Entwicklung bestehe für diese Völker lediglich im Aufholen, auf dem gleichen Weg und mit den gleichen Mitteln. Ganz abgesehen davon, daß diese Annahme historisch vollkommen unrealistisch ist, stellt sie darüber hinaus ein schwerwiegendes Mißverständnis des Entwicklungsbegriffs selbst dar. Es kann nicht um eine Entwicklungspolitik gehen, die von Osten oder Westen von außen verordnet wird. Vielmehr besteht der Entwicklungsprozeß, von dem hier die Rede ist, in der vielseitigen, ganzheitlichen Anpassung an veränderte Umweltbedingungen, die sich in einem Zeitraum abspielt, der sich aus dem Prozeß selbst ergibt.

Im gängigen, sich so nüchtern-technokratisch gebenden Entwicklungsbegriff stecken nämlich mythische, ja quasi-religiöse Voraussetzungen. Peter Berger (1976: 17) geht so weit, Entwicklung zu einer „religiösen Kategorie" zu erklären, zum „Brennpunkt erlöserischer Hoffnungen und Erwartungen". Der Mythos des Dauerwachstums stößt auf den Gegenmythos der Dauerrevolution; die Anhänger beider Mythen versichern uns, den Schlüssel zur Lösung der Probleme der Welt in den Händen zu haben; doch es wird leider unerläßlich sein, das Glück und den Wohlstand der jetzigen Generation zugunsten des Fortschritts zukünftiger Generationen zu opfern (zusammenfassend siehe Berger, 1976: xi – xiv). Was den Westen angeht, der zur Zeit den weitaus größten religiösen und ideologischen Einfluß auf die Pazifik-Staaten hat, wird wirtschaftliches Wachstum zum beinahe rituellen Ausdruck des Fortschrittsmythos auf eine Weise, die an die einheimischen Cargo-Kulte erinnert.

Der gravierendste Fehlgriff der von außen verordneten ‚Entwicklung' besteht darin, daß sie Völkern und Kulturgemeinschaften das Recht nimmt, sich aus ihren ureigensten Ressourcen heraus an neue Umweltbedingungen anzupassen. „Wie könnte man dieses Land entwickeln, wenn es die Neuguineaner nicht gäbe!" soll ein Australier in Papua-Neuguinea gesagt haben. Fremdentwicklung ersetzt Selbstentwicklung, weil die ‚Fortgeschrittenen' nicht warten können auf Menschen, deren Bedürfnisse sie weder begreifen können noch wollen. Doch alle Menschen haben das Recht, in einer von ihnen selber als sinnvoll erkannten Welt zu leben. Ein Entwicklungsbegriff, der dieses Recht nicht von vornherein einkalkuliert, ist im Ansatz moralisch verfehlt und in der Ausführung zum Scheitern verurteilt. Die wirklichen ‚Experten' sind die Menschen, die in den Sinnstrukturen leben, die ihnen die Welt an einem bestimmten Ort und vermittels einer bestimmten Kultur erschließen, nicht solche, die dank vermeintlich universalgültigem Wissen die Lebenssituationen anderer von außen definieren und bestimmen wollen (vgl. Berger, 1976: 183 ff.).

Der Entwicklungsethiker Denis Goulet spricht von drei Rationalitäten, einer technologischen, einer politischen und einer ethischen, die in eine nicht hierarchische, sondern zirkulär sich ergänzende Beziehung zueinander treten müssen, soll menschlich verantwortbare Entwicklung stattfinden (vgl. Goulet, 1986; May, 1987 d: 240 ff.). Beobachtungen an fast jedem beliebig gewählten Entwicklungsprojekt können bestätigen, daß der von Goulet aniversierte Dialog selten stattfindet (als Beispiel aus Papua-Neuguinea siehe den Bericht von Lynn Giddings, 1986, über die sozialen Auswirkungen der Erweiterung eines Staudamms im östlichen Hochland). Entwicklungshelfer, Berater und Politiker, die alle drei Sprachen nicht beherrschen, sind eher geeignet, Schaden anzurichten, als Nutzen zu stiften.

5.2 Erfahrungen mit der Entwicklung

Das Schicksal der Polynesier im Zuge der ‚Entwicklung' ist weitgehend bekannt. Es umfaßt den Identitätsverlust durch kulturelle Überfremdung und Tourismus; die Auswanderung großer Teile der Bevölkerungen, um Arbeit zu suchen, vor allem nach Neuseeland und der amerikanischen Westküste; die Aufrechterhaltung des französischen Kolonialismus auf Tahiti; und die Verdrängung der einheimischen Bevölkerung bis hin zur Bedeutungslosigkeit auf Hawaii. Weniger bekannt sind die sozialen Mißstände, die die Anpassung an den ‚American way of life' auf mikronesischen Inseln wie Amerikanisch-Samoa und Truk angerichet hat, um von der atomaren Verseuchung der Marshall-Inseln gar nicht zu reden. Für die australischen Ureinwohner hat die Berührung mit der westlichen Zivilisation zur Auflösung ihrer Wertsysteme durch Entfremdung von ihrem Land geführt; die malayischen Völker Südost-Asiens haben diesen Verlust nur dank ihres Rückhaltes in den transzendent und universal angelegten Glaubenssystemen des Islam und des Buddhismus entgehen können. Die unterschiedlichen kulturellen Voraussetzungen bedingen weitgehend, welche Ressourcen zur Verfügung stehen, um mit den Einwirkungen einer zutiefst fremden Moderne fertig zu werden. Das

‚Schmerzkalkül', das Peter Berger neben einem „Sinnkalkül" in den Entwicklungsbegriff einbauen möchte, ist bei diesen Völkern negativ ausgefallen.

Ein Entwicklungsbegriff jedoch, der nur die negativen Auswirkungen des Prozesses formulieren läßt, ist wiederum zu eng. Ein Jesuit vom Mikronesischen Seminar auf Truk, wo die sozialen Folgen einer fehlgeleiteten ‚Entwicklung' besonders verheerend gewesen sind, sagte in einem Seminar an der Universität von Papua-Neuguinea, daß auch angeschlagene Gemeinschaften die Fähigkeit besitzen, „sich selbst zu heilen" (siehe Bericht bei May, 1987 c: 60; Documente bei Stratigos/Hughes, Hrsg., 1987). Die sogenannten Cargo-Kulte waren Versuche in dieser Richtung. Auf eine Weise, die für ‚Zivilisierte' freilich schwer nachvollziehbar ist, waren sie oft entwicklungsorientiert und haben auch Erfolge erzielt, indem sie Gemeinschaften zusammengehalten und ihnen eine Zielsetzung angeboten haben. Überall im Pazifik sind Menschen dabei, sich selbst zu entwickeln, all den Kräften zum Trotz, die sie fremdentwickeln möchten.

Papua-Neuguinea, das Land mit der größten Bevölkerung und den meisten Rohstoffreserven, aber auch der kürzesten modernen Entwicklungsgeschichte des Südpazifik, bietet sich wie ein Labor an, in dem man die inzwischen hinlänglich bekannten, fast gesetzmäßigen Abläufe noch einmal beobachten kann (vgl. May, 1987 a: 281). Die rücksichtslose Einrichtung einer an Australien und Japan ausgerichteten und an der modernen Konsumgesellschaft orientierten Geldwirtschaft, die die traditionelle Tauschwirtschaft fast ohne kulturelle Vermittlung überlagert, produziert von Monat zu Monat vor den Augen des Beobachters die allzu vertrauten Erscheinungen: Ich kann mich genau daran erinnern, als der anglikanische Erzbischof George Ambo sich vor der Generalversammlung des Melanesischen Kirchenrats Anfang 1984 entrüstete, er habe sich nicht vorstellen können, daß am Rande von Port Moresby seine Landsleute bereits von der Abfallhalde lebten und dort wohnten; als Schwester John Paul Chao 1985 ihre sozialanthropologische Untersuchung einer Obdachlosensiedlung („squatter settlement") außerhalb der Hauptstadt veröffentlichte, aus der hervorgeht, daß diejenigen, die vom Abfall leben können, schon glücklich sind, verglichen mit den wirklich ausweglos Armen (Chao, 1985); als im Februar 1986 zum ersten Mal Bettler auf den Straßen von Port Moresby erschienen. Die Städte sind, wie ein anderer Kirchenführer es einmal ausdrückte, gleichsam Fliegenfallen, in welche die Menschen aus den Dörfern auf der Suche nach dem großen Durchbruch hineingeraten, ohne wieder herauskommen zu können. In einer Kultur, in der die Stadt traditionell keinen Platz hatte, spiegelt die Polarisierung zwischen Dorf und Stadt die ganze Einseitigkeit der modernen Entwicklung wider (vgl. Ahrens, 1986: 180–192.)

Es erweist sich als verhängnisvoll, daß mit der Pazifizierung der Stammeskämpfe die Männer in den melanesischen Gesellschaften einen Großteil ihres Lebensinhalts verloren. Sie bewegen sich nur schwerfällig in der ihnen so abstrakt und unpersönlich vorkommenden Geldwirtschaft, und obwohl einige Unternehmer, z. B. beim Kaffeeanbau oder im Transportsektor, mäßige Erfolge erzielt haben, bleiben ihnen die wirklichen wirtschaftlichen Machtzentren verschlossen. Die größeren Unternehmen, wo die eigentlichen Profite gemacht werden, sind im Besitz und unter dem Management von Ausländern. So begeben sich die Möchtegern-bigmen auf den Umweg über die Politik, um an die so heiß begehrten Quellen der Macht zu gelangen. Beinahe jeder Klan stellt Kandidaten für Lokal-, Provinz- und Nationalwahlen auf in der Hoffnung, daß es endlich einem der Ihren gelingen wird, in die Provinz- oder Nationalhauptstadt zu kommen und sich um ihre Interessen zu kümmern. Es ergibt sich eine Politik des „Straßen- und Brückenbaus", der Leserbriefe in den Zeitungen, die beklagen: „Wir haben unseren Mann in Mosbi (Port Moresby) – was tut er für die Entwicklung in unserem Dorf?", und des Gerangels der glücklich Gewählten um die Pfründe der Macht. Mißtrauensvoten und Parteiwechsel lösen einander mit atemberaubender Schnelligkeit ab, während Gesetze kaum noch verabschiedet werden. Es ist besonders verhängnisvoll, daß die eklatantesten Korruptionsfälle der letzten Jahre mit der Forstwirtschaft zu tun hatten, denn das öffentliche Verständnis für die Zusammenhänge zwischen Wirtschafts- und Umweltfragen steckt noch in den Anfängen (siehe jedoch die zwei Hefte 15/1 und 15/2 [1985] der Zeitschrift Catalyst, die über eine vom Melanesischen Kirchenrat einberufene Fachtagung zu Umweltfragen berichten). Diese Fragen werden wöchentlich angesprochen vom mutigen Dozenten und Journalisten Roman Grynberg in der von den vier Hauptkirchen unterhaltenen Wochenzeitungen „The Times of Papua New Guinea".

Viel eindrucksvoller haben die Frauen abgeschnitten. In einigen Fällen, vor allem im Hochland, haben sie aus Verzweiflung über die Trink- und Streitsucht ihrer Männer selber Wirtschaftsunternehmen gegründet und damit Erfolg gehabt. Doch in den Städten haben es die

Frauen schwer. Oft haben sie keinen Platz für Gärten und dürfen keine Tiere halten. Ihre Männer verstehen nicht immer, daß ihr Gehalt der ganzen Familie gehört und nicht für ihren persönlichen Gebrauch da ist. Andererseits finden sich die Frauen nur schwer damit ab, daß ihre Männer nun weibliche Kolleginnen haben und überhaupt sozialen Umgang mit Frauen aus anderen Regionen pflegen. Lauthals ausgetragene häusliche Streitigkeiten, die allzu oft mit Frauenmißhandlungen enden, sind deshalb keine Seltenheit in den Städten, wo die in den Dörfern praktizierte Konfliktregelung oft ungenügend funktioniert. Es kommt auch vor, daß Männer, die arbeitsbedingt reisen oder überhaupt in anderen Gegenden arbeiten, mehrere eheähnliche Verhältnisse eingehen oder sogar an verschiedenen Orten Familien gründen, ohne daß die Verwandtschaftsbeziehungen eindeutig geklärt sind. Das Melanesische Institut in Goroka bringt zur Zeit ein im Auftrag der vier größten Kirchen in Papua-Neuguinea und den Salomon-Inseln unternommenes Forschungsprojekt zum Abschluß, das den entwicklungsbedingten Wandlungen im Ehe- und Familienleben Melanesiens gewidmet ist (vgl. Mantovani, Hrsg., 1987 a; 1987 b).

Wenn die Entwicklung solchen Druck auf Ehe und Familie und überhaupt auf das traditionelle Gefüge der zwischenmenschlichen Beziehungen ausübt, braucht es uns nicht zu wundern, daß Kinder (vgl. Townsend, 1985) und vor allem die Jugend (vgl. O'Collins, Hrsg., 1986) die Hauptleidtragenden sind. Man kann sehr leicht den Eindruck gewinnen, daß eine ganze Generation der Gesellschaft, der Nation und der eigenen Kultur systematisch entfremdet wird, bleiben doch etwa 90% der rund 40 000 Schulabgänger jedes Jahr ohne Aussicht auf Beschäftigung im westlichen Sektor. Aber durch die Schulbildung sind sie auch für das Dorfleben ungeeignet; sie bleiben zwischen den zwei Welten hängen, und die Kriminalität steigt bis hin zur Politisierung der Bewußteren und Entschlosseneren unter ihnen in der viel härteren Schule der Jugendbanden. Erstaunlich vielen gelingt es, auch nach der Enttäuschung einer Schulung, die nirgendwohin führt, sich ins Dorfleben wieder zu integrieren, und das Wunder ist, daß die Jugend nicht viel heftiger aufbegehrt. Sie haben auch allen Grund zur Ungeduld mit einem Staat, der ihrer Situation hilflos gegenübersteht und oft genug nicht einmal Interesse zeigt. Die Katholische Kirche und die Heilsarmee – beide Mitglieder des Melanesischen Kirchenrats – tragen die Hauptlast der praktischen Berufsausbildung für Schulabgänger, und das Programm für ländlichen Entwicklung der Evangelisch-Lutherischen Kirche, Yangpela Didiman („Junge Landwirte"), hat gezeigt, daß es mit viel Geduld und Lernbereitschaft durchaus möglich ist, Dorfbewohner für neue Methoden und neue Erzeugnisse zu interessieren, vor allem, wenn junge Männer zusammen mit ihren Frauen ausgebildet werden und die Schulung möglichst im eigenen Dorf stattfindet, damit die Älteren, die traditionell das Sagen haben, sich durch das unheimliche neue Wissen der Jüngeren nicht bedroht fühlen (vgl. Tietze, 1980, über die Rolle von „dörflichen Motivatoren" und die biblischen Grundlagen der „integralen menschlichen Entwicklung", 1985; zu Yangpela Didiman siehe auch Fugmann, W., 1986: 617 – 619 und Batchelor, 1981: 41 – 43, wo sein Fallbeispiel B dieses Projekt darstellt). Diejenigen, die wie die freiwilligen Mitglieder des „Eastern Highlands Provincial Rehabilitation Committee" in Goroka versucht haben, unmittelbar mit der kriminellen Jugend zu arbeiten, wissen wie unendlich schwierig es ist, die durch ungeeignete Schulung und mißverstandene Verwestlichung hinterlassenen Fehleinstellungen zu durchbrechen und den jungen Menschen Wege zu erschließen, sich am Aufbau der Nation zu beteiligen. Doch aus diesen Versuchen ist ein nationaler Bewährungsdienst hervorgegangen, der inzwischen in den meisten Zentren funktioniert und der kriminellen Jugend eine zweite Chance bietet, ihre Ungeduld in positive Energie zu verwandeln (vgl. Giddings, L., 1986, und die Jahresberichte der EHPRC).

Dies sind mehr punktuelle Einzelerfolge. Der Melanesische Kirchenrat ist letztlich gescheitert bei seinem Versuch, alle Kirchen an einem Langzeitprogramm zur exemplarischen Förderung der ländlichen Entwicklung zu beteiligen. Kleine Gruppen sind froh um Spenden, damit sie ‚Projekte' auf die Beine stellen können, oft mit keiner weiteren Zielsetzung, als schnell an Bargeld zu kommen. Es ist für die Kirchen erheblich schwieriger, die Formulierung einer tragbaren Entwicklungspolitik zu beeinflussen, denn ihre eigenen Vorstellungen über die Verantwortung in diesem Bereich gehen oft weit auseinander. Dies wiederum hängt mit einem Defizit an theologischer Reflexion zusammen, das wir abschließend aufgreifen müssen.

5.3 Entwicklungsethik und Befreiungstheologie

In Europa mag es wie eine Selbstverständlichkeit erscheinen, daß man die ursprünglich in Lateinamerika entwickelte Befreiungstheologie in den Pazifik ‚einführen' und dort ‚anwenden' kann. Ganz abgesehen davon, daß diese Haltung dem grundsätzlichen Gebot der Befreiungstheologie selber – daß authentische Theologie ihren Anfang in der befreienden Praxis des Volkes nimmt – zuwiderläuft, verkennt sie die evangelikale Grundstimmung der meisten Christen im Pazifik. Die bloße Tatsache, daß die Befreiungstheologie katholischer Provenienz ist, genügt, sie bei vielen Protestanten verdächtig zu machen; die Auskunft, daß sie beim Weltkirchenrat wohlwollend diskutiert wird, bestätigt nur das Vorurteil, daß sie eine Erfindung des Weltkommunismus und ein Werk des Satans sei. Dennoch ist es während meines Aufenthalts in Papua-Neuguinea möglich geworden, den Terminus in den Organen und Gremien der Hauptkirchen einzuführen (es ist mir sogar gelungen, den katholischen Erzbischof von Rabaul zu einer positiven öffentlichen Stellungnahme zu bewegen, vgl. Bundervoet, 1985). Doch bei den meisten überwiegen die aufklärerisch-revolutionären, nicht die biblisch-theologischen Anklänge des Begriffs ‚Befreiung'.

Glücklicherweise halten die Christen im Pazifik wenig von Schablonen wie ‚evangelikal', ‚liberal', ‚rechts' oder ‚links'. Was die australischen Ureinwohner oder die neuseeländischen Maori tun, die sich für ihre Landrechte und das Überleben ihrer Kulturen einsetzen, ist die Praxis, aus der die Befreiungstheologie wächst, selbst wenn die Christen bei diesen Gruppen noch kaum angefangen haben, ihr Vorgehen biblisch zu deuten oder theologisch zu reflektieren. Dies gilt weniger für die Christen unter den Aufständischen auf Osttimor, Irian Jaya und Neukaledonien. In den meisten Ländern des Südpazifik jedoch, in denen die formelle Unabhängigkeit und die politischen Freiheiten gesichert sind, besteht der nötige Freiraum, in dem die Vorarbeit für eine wahre ‚pazifische' Theologie geleistet werden kann. Dies geschieht bereits, indem die Zwillingsanliegen eines „unabhängigen und atomfreien Pazifik" breite Zustimmung genießen und zur weiterführenden theologischen Reflexion anregen, und dies vor allem dank der Arbeit der Pazifischen Kirchenkonferenz. Am Melanesischen Institut in Papua-Neuguinea fanden wir zu der Formulierung ‚Entwicklungsethik'. Auf dieser Grundlage konnten wir Persönlichkeiten aus den Kirchen und dem öffentlichen Leben zu einem Gespräch zusammenführen, das faktisch viele Inhalte der ‚Befreiungstheologie' aufgriff (vgl. Fugmann, Hrsg., 1986; May, 1987c).

Diese Fragestellung hat den Vorteil, daß sie Politikern, Beamten und Kirchenführern erlaubt, Probleme, die sie gemeinsam bedrängen, gemeinsam zu diskutieren. Die Melanesier sind Moralisierer; die

Grundhaltung, Tabus und Gebote zu respektieren, ist ihnen tief eingeprägt. Doch diese Haltung gilt in erster Linie den Stammesgenossen, den wantoks. Eine Moral, die sich darüber hinaus erstreckt, sowie eine Gesetzlichkeit, die für die ganze Nation gilt, ganz gleich, ob für bigman oder Dörfler, Hochland oder Küste, bilden sich erst heraus (siehe dazu die faszinierenden Studien von Narokobi, 1986, 1989). Doch Krisen wie die steigende Jugendkriminalität und politische Korruption in Papua-Neuguinea und der Militärputsch in Fidschi nötigen zu Nachdenklichkeit. Mehrere Nationen Melanesiens haben die Ära der Unabhängigkeit mit dem Anspruch angetreten, christliche und einheimische Grundsätze zu einem menschlich verantwortbaren Weg in die Entwicklung zu vereinen (siehe die Präambel zur Verfassung von Papua-Neuguinea und den 8-Punkte-Plan für umfassende Entwicklung bei Narokobi, 1983: 118–119; Fugmann, Hrsg., 1986: ix-xiv). Nach dem ersten Jahrzehnt der Unabhängigkeit drängt sich die Frage auf: Was ist daraus geworden? Der katholische Priester-Politiker John Momis hat in der Öffentlichkeit sehr wirksam darauf insistiert (Momis, 1986 a; 1986 b).

Es steckt natürlich noch mehr in dieser Fragestellung. Eine Ethik, die den Komplexitäten des Entwicklungsprozesses gerecht wird, muß die im Pazifik besonders dringende Frage der Identität thematisieren können (für Beispiele siehe Ahrens, 1986: 175 ff.; May, 1986 c). Die einheimischen Christen des Pazifik haben ein ausgeprägtes Verhältnis zur Natur geerbt; die Darstellung ihrer Lebensweise und die Dringlichkeit ihrer Warnungen auf der Vollversammlung des Weltkirchenrats in Vancouver (1983) haben dazu beigetragen, daß das Thema „Bewahrung der Schöpfung“ in den ‚konziliaren Prozeß‘ für eine Weltkonvokation zu Gerechtigkeit und Frieden mitaufgenommen wurde. Ist man in Europa stark vergangenheitsorientiert, so blicken wir alle im Pazifik eher in die Zukunft; doch die herkömmliche christliche Ethik ist fast ausschließlich mit den Gewissensentscheidungen des einzelnen in der Gegenwart beschäftigt. Der Individualismus der westlich-christlichen Ethik erweist sich als Hemmnis, wenn man die Handlungen anonymer Kollektivitäten moralisch beurteilen soll, doch hier erweist sich das Gemeinschaftsdenken der Pazifik-Insulaner als Vorteil (diese Ideen werden in May, 1987 d: 236–240 weiterentwickelt; ausführlicher siehe Stratigos/Hughes, Hrsg., 1987). Die meisten Politiker und öffentlichen Verantwortungsträger, auch und gerade diejenigen, die durch die christliche Predigt erzogen worden sind, beherrschen die drei Sprachen der technischen Rationalität, der

Politik und der Moral mit sehr ungleicher Kompetenz (vgl. Goulet, 1986). Die Aufgabe, der Entwicklung ihre moralische Basis zurückzugeben, bildet eine Brücke zwischen dem individuell und spirituell ausgerichteten christlichen Glauben evangelikaler Prägung und den sozialen Problemen, die sich aus der Entwicklung ergeben, aber technisch formuliert und strukturell angegangen werden müssen.

Das heißt allerdings nicht, daß ausdrücklich theologische Ansätze von melanesischen Theologen nicht entwickelt werden. Die Weltmissionskonferenz in Melbourne (1980) mit dem Thema „Dein Reich komme“ hat im Pazifik große Resonanz gehabt. Am Martin-Luther-Seminar in Lae, Papua-Neuguinea, wurde eine Konsultation vom Melanesischen Kirchenrat und vom Melanesischen Institut gemeinsam veranstaltet, auf der der angesehene indische Theologe Samuel Rayan SJ und der Löwener Religionssoziologe François Houtart Vorträge hielten. Fast alle engagierten christlichen Intellektuellen des Landes waren anwesend, und die Atmosphäre muß geknistert haben, als den Zuhörern klar wurde, daß das Anliegen der Befreiung tiefe Wurzeln in der christlichen Eschatologie hat und sich auf die Entwicklung weltweit auswirkt (Texte in Point 2/1980). Im gleichen Zeitraum kurz vor der Weltkonferenz kam ein anderer Kreis in Lae zusammen, der fast ausschließlich aus einheimischen Kirchenführern und Theologen bestand und vom damaligen Moderator der United Church, Bischof Leslie Boseto von den Salomon-Inseln, zusammengerufen wurde. Dieser Kreis stellte zutiefst biblische und zugleich wirklichkeitsbezogene Überlegungen zu den Beziehungen zwischen dem Gottesreich-Gedanken und ursprünglich melanesischen Anliegen an, wie der Kulturdifferenz, der christlich verantworteten Entwicklung und den praktischen Möglichkeiten der Kirchen (siehe den Bericht von Boseto, 1985). Hier werden alle Schablonen, ob aus dem Westen oder aus der dritten Welt, beiseitegeschoben, während eine erkennbar melanesische theologische Sprache sichtbar wird.

Schluß: Von der Seelsorge zur Politik

Nicht nur weil die Ethik der Stammesgemeinschaft sehr anders aussieht als die universal angelegte Ethik religiöser Traditionen wie der christlichen oder der buddhistischen, sondern auch, weil die christliche Ethik im Durchgang durch Reformation und Aufklärung viel von ihrer Gesellschaftsbezogenheit eingebüßt hat (vgl. May, 1986c: 16–19; 1987d: 242–4), ist es nicht ohne weiteres möglich, eine vorgefertigte Sozialethik auf die Probleme der Entwicklung im Pazifik ‚anzuwenden'. Ganz im Gegenteil: Indem sie aus ihren eigenen Quellen schöpfen – und damit meine ich sowohl das Evangelium, das sie sich sehr wohl angeeignet haben, als auch ihre ureigenen moralischen und geistigen Ressourcen –, können die Christen im Pazifik ihren pazifischen Nachbarn und Europa helfen, ein neues Verhältnis zur Gemeinschaft, zur Umwelt und zur lebenswichtig gewordenen Beziehung beider zueinander zu finden.

Es muß noch viel gearbeitet und gelitten werden, bis dieser Traum Wirklichkeit wird. Im großen und ganzen muß man sagen, daß das Evangelium im Pazifik in einer Form gepredigt worden ist, die in bezug auf Kultur und Gesellschaft vermeintlich ‚rein', obwohl tatsächlich westlich bestimmt war (die möglichen Ausnahmen, wie z. B. das Miti der Lutheraner auf der Huon-Halbinsel unter der Leitung von Christian Keysser oder die Versuche der Anglikaner, sind auf je eigene Weise problematisch; siehe Ahrens, 1988; Whiteman, 1983). Dadurch ist unter vielen Christen im Pazifik der Eindruck entstanden, der christliche ‚Universalismus' bestehe gerade darin, daß die Predigt und die Sakramente für eine Vielzahl von einzelnen bestimmt sind, die je einzeln bekehrt und gerettet werden. Obwohl es Ausnahmen gibt, z. B. die streng korporative Feier des Abendmahls in den von Lutheranern evangelisierten Küstengebieten Neuguineas oder die katholische Soziallehre, die den Seminaristen dieser Kirche weitergegeben wurde, sind viele christliche Politiker und Kirchenführer schlecht darauf gerüstet, ihren Glauben in Handlungsanweisungen für den politischen Alltag zu übersetzen. Folglich besteht die übliche Reaktion christlicher Instanzen wie Kirchenräte auf soziale Probleme oft nur im moralischen Appell oder im öffentlichen Tadel. Aber auch dies ändert sich zunehmend. Die Kirchen in Papua-Neuguinea waren in der Lage, auf die forcierte Einführung des Fernsehens unter dem Druck australischer Medienbarone mit einer gemeinsamen Stellungnahme zu antworten, die weiter dachte als die Regierung und praktische Möglichkeiten der Bewältigung des neuen Phänomens vorschlug (vgl. Walcot, 1987; Burke/Minnemann, 1985).

Doch die zwei Anliegen der Unabhängigkeit der noch kolonial verwalteten Gebiete und der drohenden atomaren Verseuchung des Pazifik haben mehr als alles andere getan, um die Christen im Pazifik zur Formulierung einer eigenen ‚politischen Theologie' zu bewegen. Dies führt uns zu der ausdrücklich politischen Thematik, die die Christen im Pazifik beschäftigt und ihre Theologie bestimmt.

6. Solidaritätspolitik und Pluralismus. Von der defensiven Stammesgemeinschaft zur solidarischen Völkergemeinschaft

Nicht nur die Probleme der Entwicklung fordern die Christen im Pazifik heraus, sondern auch die Notwendigkeit, miteinander – und das heißt: mit ehemaligen traditionellen Feinden und mit nie dagewesenen Fremden – auszukommen, ja mit ihnen solidarisch zu werden angesichts der Gefahren, die alle bedrohen. Die Entdeckung des Pazifik als gemeinsame Heimat für all seine Bewohner und Anrainer ist für alle neu, für viele – etwa Arbeitsuchende und Einwanderer – schmerzlich. Diese Anforderungen sind in einem ganz grundsätzlichen Sinn politisch; sie sind auch im ursprünglichen Sinne des Wortes ‚ökumenisch'. Menschen, die wie die Chinesen ihre Kulturen und Staatswesen als die ‚Mitte der Welt' betrachteten; die wie die Australier sich ‚am anderen Ende der Welt' („down under") vorstellen; für die wie für die Pazifik-Insulaner die eigene Stammesgemeinschaft ‚die Welt' schlechthin darstellte, müssen sich jetzt mit ihrer ganzen Vielfalt aufeinander einstellen. Sie müssen Mittel und Wege finden, einander zu verstehen, zueinander Vertrauen zu fassen, miteinander zu handeln. Jede Volksgemeinschaft muß sich zwar eigene gesellschaftliche Strukturen schaffen; aber keine kann das mehr ganz ohne Rücksicht auf die anderen.

In dieser Situation ist es ein Glücksfall, daß die Pazifik-Insulaner im allgemeinen keinen notwendigen Konflikt sehen zwischen Religion und Politik, insbesondere zwischen politischer Betätigung und kirchlichen Ämtern (vgl. Momis, 1975; 1982; Lini, 1985). Für sie bildet das allumfassende ‚Leben', das sie in ihren Mythen deuten und in ihren Riten feiern, eine Einheit, die im Kern religiös ist und aus der man unmöglich die Politik ausschließen kann (vgl. Narokobi, 1977). Diese Haltung hat den neuen Pazifik-Staaten viele hervorragende Politiker beschert, die aus den Schulen und Seminaren der Kirchen hervorgingen. Die Missionskirchen waren in der Regel am Übergang zur Unabhängigkeit unmittelbar beteiligt; so gehörten Missionare der vorparlamentarischen legislativen Versammlung in Papua-Neuguinea an. Doch in den daraus entstandenen formell säkularen und in der Anlage pluralistischen Staaten haben die nunmehr einheimisch gewordenen Kirchen festgestellt, daß sie nicht mehr die bestimmende Rolle spielen können, und sie haben manchmal Schwierigkeiten, überhaupt eine Rolle zu finden. Dies betrifft weniger die polynesischen Staaten, wohl aber die melanesischen, während unter den Maori Neuseelands kirchliche Gruppen zu einer Rolle der Anklage und der Selbstbehauptung finden.

Wir wollen uns näher ansehen, was es für die Völker des Pazifik heißt, sich in diesem riesigen, vielfältigen und sich rasant entwickelnden Kontext zurechtzufinden (6.1), ehe wir zum Kernanliegen der inneren wie äußeren Befreiung vorstoßen (6.2). Dies wird uns in die Lage versetzen, die entstehende pazifische Ökumene in den Blick zu bekommen (6.3).

6.1 Neue Heimat Pazifik

Der unvergleichliche Anwalt, Parlamentarier, Dichter und Philosoph aus Papua-Neuguinea, Bernard Narokobi, hat einmal mit der ihm eigenen Freizügigkeit ein Pidgin-Wort geschaffen, das eigentlich keins ist, das aber die Sehnsucht vieler Pazifik-Menschen nach einem anerkannten Platz im großen Geschehen der einswerdenden Welt bestens zum Ausdruck bringt: „Pacific Mynuhom" („The Pacific, my new home"; es müßte eigentlich heißen: „Wara Pasifik, em i nupela ples bilong mi"). Der Gedanke ist von Jean-Marie Tjibaou, dem Führer der Unabhängigkeitsbewegung in der Territorialversammlung von Neukaledonien, dankbar aufgegriffen worden (vgl. Tjibaou, 1982: 60). Seiner Meinung nach sind Termini wie ‚pazifische Vision' oder ‚pazifischer Weg' nicht vergangenheits-, sondern zukunftsbezogen: „... sie sind projektiv ... Sie wollen eine neue Zukunft formulieren" (59). Die ‚Neue Heimat Pazifik' umfaßt das überbordende Leben des Meeres und der Wälder, „das Land jenseits des Horizonts, das zu erobern wir ausziehen müssen, ... die Ankunft eines Geliebten, zu dessen Begrüßung ich mein ganzes Haus in Bewegung setze" (60). Im Lichte dieser Vision des neuen, einen, ganzen Pazifik erscheint der Kolonialismus, der das Land von Tjibaou selber besonders schmerzlich belastet, als „der legalisierte Diebstahl des Landes, der Souveränität, des natürlichen Erbes und der Seele der Kolonisierten" (61), während der Begriff des Wantok, des Bruders oder der Schwester gleicher Sprache und Herkunft, statt zur Absonderung nunmehr zur Verbindung der Pazifik-Völker untereinander wird, und seien es Australier, Japaner, Koreaner oder Filipinos, die mit den Insulanern zusammenarbeiten:

> Pacific Mynuhom ist der Schrei unserer Ahnen, die nicht mehr zusehen können, wie wir im Dunkeln herumirren. Ihr Schrei ist ein Ruf, uns nachts

> um das gleiche Feuer herum zu setzen und einander vielleicht zum ersten Mal ins Gesicht zu sehen und zu entdecken. Nur in uns selber, auf der Ebene unserer jeweiligen Erbschaften, können wir die Elemente finden, die für die große Baustelle ‚Pacific Mynuhom' notwendig sind (Tjibaou, 1982: 60).

Es sind aber auch andere dabei, die pazifische Vision in neue, griffige Formulierungen zu kleiden. Von seiten Japans hört man neuerdings viel vom ‚pazifischen Becken' oder von der ‚pan-pazifischen Gemeinschaft', wobei vor allem Handelsinteressen im Sinne der ‚gemeinsamen pazifischen Wohlstandssphäre' von einst gemeint sind (vgl. Momis, 1987: 159; Suzuki, 1982); australische Konzerne schlagen einen Großteil ihres Profits aus der ‚pazifischen Nachbarschaft', oft unter dem Deckmantel von ‚Entwicklungshilfe', und sie verkaufen Uran an genau die Mächte, die den Pazifik atomar verseuchen (vgl. Matheson, 1982); in seinen Reden in Wladiwostok (Juli 1986) und Krasnojarsk (Sept. 1988) erhob Michail Gorbatschow Anspruch auf den Pazifik als sowjetische Einflußsphäre, was den Warnungen der Amerikaner und in ihrem Gefolge der Australier vor der ‚sowjetischen Bedrohung' neuen Auftrieb gibt (vgl. Matheson, 1982: 32–35). Diejenigen Pazifik-Länder, die die politische Unabhängigkeit errungen haben, müssen sich jetzt entscheiden, wer ihre eigentlichen Freunde sind, denn so wie sie ohne ‚Entwicklung' unweigerlich untergehen würden, so kommen sie auch nicht ohne Verbindungen zu den verschiedenen Pazifik-Mächten aus. Wenn Vanuatu mit den Sowjets und sogar mit Libyen liebäugelt, wenn die Salomon-Inseln den Amerikanern wegen Fischereirechten trotzen, wenn die Filipinos versuchen, sich gegen den Sex-Tourismus, die Prostitution in der Umgebung der amerikanischen Stützpunkte und die entwürdigende Behandlung ihrer ‚Gastarbeiter' in Japan zu wehren, wenn Neuseeland seine nuklearfreie Zone gegen die Amerikaner und die Franzosen aufrechterhält, wenn Australien, Neuseeland, Kanada und Argentinien sich in der ‚Gruppe von Cairns' (Nordaustralien) zusammenschließen, um ihre Agrar-Märkte gegen die Konkurrenz der Europäischen Gemeinschaft und der Vereinigten Staaten zu verteidigen, so sind das Anzeichen der neuen, eigentümlich ‚pazifischen' politischen Haltung.

Wie in so vielen anderen Angelegenheiten bietet auch hier das Verhalten der Melanesier eine lehrreiche Fallstudie. Schriftsteller wie Narokobi (1980 b; 1983) bestehen darauf, daß melanesische ‚Geschichte' und ‚Identität' nicht erst mit dem Beginn der weißen

Kolonialherrschaft entstanden sind, sondern schon immer da waren z. B. in den Handelsketten und im Kulturaustausch. Doch auch er sieht das Problem der Zersplitterung, die die neueingeführten rechtlichen und politischen Systeme verursachen (vgl. Narokobi, 1989). So wie einst die Stämme Germaniens unter der römischen oder die Irlands unter der angelsächsischen Vorherrschaft, erscheinen die Völker Melanesiens im Kontext der unabhängigen demokratischen Staaten wie Vanuatu oder Fidschi als miteinander konkurrierende Interessengruppen, die zu klein sind, um in diesem neuen Kontext lebensfähig zu sein.

Doch gerade die in anderer Hinsicht bedauerlichen Entwicklungen im Pazifik haben den willkommenen Nebeneffekt, zur Solidarität anzuspornen. Oppositionsführer aus Neukaledonien bereisen u. a. die melanesischen Länder, um Unterstützung für ihren Unabhängigkeitskampf zu suchen; Vertreter der Kirchen der indonesischen Provinz Irian Jaya besuchen gern Papua-Neuguinea, um Verständnis für ihre schwierige Lage zu wecken; und die Regierungen der melanesischen Staaten haben nicht gezögert, den doppelten Militärputsch des Hauptmanns Rabuka auf Fidschi gutzuheißen, weil sie darin die Selbstbehauptung christlicher Melanesier gegen heidnische Inder erblicken. Im Südpazifik-Forum, einem lockeren Verbund der Südpazifik-Staaten, dem auch Australien und Neuseeland angehören, sorgen diese Fälle für Spannungen. Doch die melanesischen Regierungschefs, wohl nicht zufällig im Zuge dieser Ereignisse, haben ihren eigenen Gesprächskreis mit dem passenden Namen ‚Speerspitzengruppe' inzwischen formalisiert. Die von Anthropologen eingeführte Kategorie ‚Melanesien' wird von Freiheitskämpfern in Irian Jaya mit dem Nebenklang der ethnischen Solidarität über künstliche Grenzen hinweg benutzt (siehe z. B. Ireeuw, 1987). Es gibt allerdings erste Anzeichen dafür, z. B. in der Behandlung von Ausländern in Papua-Neuguinea oder in der Verdrängung der Inder auf Fidschi, daß diese melanesische Selbstbehauptung rassistische Züge annimmt. Dadurch werden die Ortskirchen mit ungewohnter Schärfe gefordert, und wie im Falle der wirtschaftlichen Entwicklung fällt es ihnen schwer, sich theologisch darauf einzustellen. Doch vielversprechende Ansätze sind vorhanden, die wir uns nun näher ansehen wollen.

6.2 „Nur innerlich Befreite können sich entwickeln"

Bereits 1975, im Jahr der Unabhängigkeit Papua-Neuguineas, veröffentlichte John Momis, der Priester-Politiker aus Bougainville, einen Aufsatz mit dem prophetischen Titel „Theologische Grundwerte des politischen Engagements" („Values for Involvement: Theology and Politics", Momis, 1975 = 1985; 1987: 157 – 165). Im Vordergrund steht eine gewisse Apologie für seine politische Betätigung als katholischer Priester, doch grundsätzlich entwirft er eine Theologie der politischen Voraussetzungen umfassender menschlicher Entwicklung unter Beteiligung der christlichen Kirchen, dazu in einer klaren, auf Erfahrung basierenden und jeglichen ideologischen Jargons entbehrenden Sprache. Momis versteht sich „als Christ und vor allem als Priester ... mitten unter einem Volk, das seine nationale Identität sucht", ja „seine christlich-nationale Identität" (1985: 86). Dies beinhaltet die Befreiung aus unterdrückerischen Strukturen, an denen gerade die Missionskirchen noch teilnehmen. Dennoch stellt er fest:

> Ich bin der Meinung, daß eine Sache, die die Kirche und nur die Kirche wirksam herbeiführen kann, die ist, den Menschen zu helfen, sich selbst zu befreien. Eins der von unserem (Verfassungs-)Ausschuß definierten nationalen Ziele ist die umfassende menschliche Entwicklung. Umfassende menschliche Entwicklung kann jedoch nur nach der Befreiung stattfinden. Die Befreiung der Menschen ist integraler Bestandteil dieser Entwicklung. Die Menschen können nicht auf echte Entwicklung hinarbeiten, wenn sie sich nicht von falschen Vorstellungen, von geistigen Haltungen, die solche Entwicklung verhindern, befreit haben. Befreiung der Menschen heißt, daß sie sich selber nicht nur von der äußerlichen Unterdrückung – durch koloniale Strukturen, unmenschliche Gesetze, Politik oder Systeme –, sondern auch von der Fehleinstellung befreien, daß diejenigen, die für die Gemeinschaft arbeiten, für die Selbstverwirklichung keine Zeit übrig haben werden (Momis, 1985: 91).

Ich halte das für eine unverwechselbar melanesische und, soweit ich weiß, eigenständig entwickelte Definition von Befreiung (siehe auch Momis, 1986 a: 1987).

Es gehört zum ökumenischen Potential des Pazifik, daß nicht nur Katholiken so denken, sondern auch Christen, die sozusagen vom anderen Ende des Konfessionsspektrums kommen. Ein junger katholischer Theologe aus Neukaledonien hat mir einmal gesagt, daß seine Kirche angesichts der Ausschreitungen der französischen Kolonialmacht eher beklommen schweigt, während der christliche Widerstand von evangelischen Kirchen kommt (näheres dazu von Qaeze, 1987).

Ein Baptist aus Irian Jaya, der einzige, der Vorsitzender sowohl der Evangelischen Allianz als auch des Melanesischen Kirchenrats gewesen und jetzt erster einheimischer Direktor der evangelikalen theologischen Ausbildungsstätte („Christian Leaders' Training College", Banz) ist, erregte Aufsehen, als er in einem Zeitungsartikel den Befreiungskampf der OPM („Operasi Papua Merdeka", Operation Freies Papua) christlich legitimierte:

> OPM ist eine nationale Bewegung. Sie ist des Volkes legitimer Schrei nach dem ihm vorenthaltenen Recht. Sie ist die Fortsetzung des von den Holländern ... eingeleiteten Programms der ‚Lokalisierung'. Doch seit der indonesischen Annektierung Westpapuas 1963 hat Indonesien das Lokalisierungsprogramm ignoriert und es durch ein Indonisierungsprogramm ersetzt. ... Wer den kürzeren zieht, ist der reinrassische Papua oder Melanesier.
> Die Tatsache, daß Indonesien es versäumt hat, das Lokalisierungsprogramm anzuerkennen, hat die OPM-Bewegung hervorgerufen. Sie ist inzwischen zu einer nationalen Bewegung geworden, nicht bloß zum ‚Grenzzwischenfall' (Daimoi, 1985: 128).

Joshua Daimoi ist der Überzeugung, daß dieser Kampf mit der Verwirklichung des Reiches Gottes zusammenhängt, und er schließt seinen mutigen Aufsatz mit der Frage nach der Verantwortung des Christen, dem Ruf nach der prophetischen Rolle der Kirche, und einem Gedicht aus Lateinamerika (131).

Trwar Max Ireeuw, ein melanesischer Christ aus West-Papua, schließt seinen historischen Überblick über die Ursachen der gegenwärtigen Situation mit einem langen Zitat aus einem 1976 von einem Landsmann geschrieben Brief:

> Unser Geist ist vollkommen abgestumpft. ... Ohne den indonesischen Druck hätte unser Land eine ganz andere Entwicklung durchgemacht. ... Die indonesische Präsenz in unserem Land dämpft vor allem unsere melanesische Lebendigkeit; sie müßte doch durch unser eigenes System, wie in Papua-Neuguinea, ersetzt werden. Da drüben hat Australien die melanesische Identität und Würde respektiert, während wir hier in West-Papua gedemütigt und überstimmt werden durch Indonesien. Die Indonesier haben uns ein indonesisches ‚image' übergestülpt, und unser Name ‚Papua' ist verboten. Wir alle werden gezwungen, in ein Großes Indonesien hinein zu verschwinden (Ireeuw, 1987: 174–5).

Wie sein Landsmann weist Ireeuw die von Indonesien Regionen wie Religionen aufgezwungene Staatsphilosophie der pancha-sila („fünf Prinzipien" der Toleranz und Harmonie) zurück. Er plädiert statt dessen für melanesische Solidarität und für eigenständige

Entwicklung. Aber auch er begründet die politischen Zielsetzungen der OPM christlich-theologisch (1985: 178 ff.). „Gottes Absicht mit den Menschen ist letztlich die Grundlage unseres Kampfes“ (179).

Mit den Indonesiern auszukommen ist nämlich für uns alle in der südostasiatischen/südwest-pazifischen Region ein Problem. Die Christliche Konferenz Asiens (CCA) ist über die indonesische Osttimor-Politik beinahe auseinandergebrochen. Ein einziger Artikel in einer australischen Zeitung über die Geschäftsbeziehungen der Familie des Präsidenten von Indonesien, Suharto, hat zu einer diplomatischen Krise geführt. Die Enthüllung, daß der ehemalige General und damalige Außenminister Papua-Neuguineas, Ted Diro, von seinem indonesischen Amtskollegen Murdani Geld angenommen hatte, führte zur Amtsenthebung und zum Prozeß. Die Kirchen in Indonesien, zumal in Irian Jaya, müssen sich an Spielregeln halten, die nach außen hin befremdend wirken können. Gängige Begriffe wie ‚Dialog der Religionen‘ erhalten einen ganz anderen Sinn, wenn es darum geht, Erweise für die Annahme der Pancha-Sila-Ideologie erbringen zu müssen (siehe Hardawiryana, 1982). Von Djakarta aus gesehen ist der Zusammenhalt des riesigen und kulturell äußerst vielfältigen indonesischen Inselreichs das oberste Gebot, die faktische Ein-Parteienherrschaft eines scheindemokratischen Militärregimes das geeignete Mittel. Dies ist im Malaysia des autoritären Mahathir Muhammad, das sich auf den islamischen Fundamentalismus auf Kosten der buddhistischen Chinesen zubewegt, oder im Singapur Lee Kuan Yus, das die CCA neulich ausgewiesen hat, eher nachzuvollziehen als in den pazifischen Inselstaaten mit ihren aufmüpfigen Oppositionsparteien und häufigen Koalitionswechseln im christlichen Milieu der Freiheit des einzelnen. Doch die politische Herausforderung, die die Indonesier mit ihrer malayischen Kultur indischer Tradition darstellen, bietet den in relativ neuer historischer Zeit entstandenen Nachbarstaaten im Südpazifik eine politische Schulung, die indirekt auch zur theologischen Reife beitragen dürfte. Wir wollen dem am Beispiel der in diesem Buch bisher vernachlässigten Kirchen Australiens und Neuseelands weiter nachgehen.

6.3 Unterwegs zum ‚Politischen Ökumenismus‘

Neuseeland, „das Land der langen weißen Wolke“ (Aotearoa), besteht selber aus Pazifik-Inseln und hat sich immer stärker am Pazifik orientiert. Es empfängt viele ‚Gastarbeiter‘ bzw. Einwanderer vor allem aus den polynesischen Ländern, die mit den einheimischen Maori um die immer knapper werdenden Arbeitsplätze konkurrieren. Es war schon immer ein Land, das Missionare in den ganzen Pazifik ausgesandt hat, und auch heute bildet der Pazifik den Schwerpunkt kirchlicher Entwicklungshilfe (vgl. Ashby, 1982). Die Neuseeländer, früher stark französisch-katholisch bzw. britisch-protestantisch geprägt, galten als konservativ und gerade in sozialen Fragen als unbeweglich, doch unter der Führung des Labour-Premierministers David Lange haben sie sich zu Lokalhelden aufgeschwungen, indem sie trotz wirtschaftlicher Schwäche auf ihrer Unabhängigkeit gegenüber der Großmacht Amerika und der Möchtegern-Großmacht Frankreich bestanden haben. Im sportbesessenen Land ist die Frontstellung gegen sportliche Beziehungen mit dem Apartheid-Staat Südafrika immer deutlicher geworden. Betrachteten die Kirchen früher ökumenische Zusammenarbeit und soziales Engagement argwöhnisch, so haben sie in letzter Zeit den ehemaligen, einseitig protestantischen Kirchenrat durch eine neue Kirchenkonferenz Aotearoas ersetzt, in der die Katholiken neben den Maori-Kirchen Platz haben. Dies heißt allerdings nicht, daß die damit implizierten theologischen Fragen hinreichend aufgearbeitet worden wären; sie werden am schwierigeren ökumenischen Weg Australiens noch deutlicher.

Ich habe selber einmal die Meinung kolportiert: Wenn es überhaupt auf Erden ein durch und durch ‚säkulares' Land gibt, dann muß das Australien sein (May, 1977). Solche Verallgemeinerungen sind natürlich immer cum grano salis zu nehmen: die Australische Gesellschaft zur Erforschung der Religionen (AASR) und der – inzwischen von den Bischöfen aufgelöste – Katholische Nationalrat für Forschung (NCRC) haben eine stattliche Bibliographie über sozialwissenschaftliche Untersuchungen zur Religion im Leben Australiens veröffentlicht (Mason/Fitzpatrick, 1982; siehe auch den Erfahrungsbericht von Ritschl, 1981, und den Konferenzband von Hayes, Hrsg., 1979). Neben anderen neureligiösen Bewegungen feiert der christliche Fundamentalismus in den letzten Jahren Triumphe. Doch die Religion hat einen schlechten Start gehabt in der ursprünglichen Strafkolonie New South Wales, ganz anders als bei den eifrigen kalvinistischen Pilgervätern Amerikas. Die frommen Sprüche, zu denen sich amerikanische Politiker in der Öffentlichkeit verpflichtet fühlen, sind in Australien undenkbar und wären der Lächerlichkeit preisgegeben. In Politik und Wirtschaft sollen sich die Kirchen gefälligst nicht einmischen.

Die Meinung ist auch weit verbreitet – nicht ohne Grund –, daß die australischen Christen, zumal die Katholiken, mit Theologie und Spiritualität wenig im Sinn haben. Sie seien zwar zukunftsorientiert, aber lediglich in praktisch-pragmatischer Hinsicht; ihre Gesellschaft sei zwar faktisch multikulturell, aber eben grundsätzlich säkular (vgl. Reilly, 1982). Doch bei näherem Hinsehen entpuppen sich einige gängige Meinungen der Australier über sich selbst als geradezu mythologisch im strengen religionswissenschaftlichen Sinn. In einem Land, in dem wegen der blühenden Landwirtschaft Ende des 19. Jahrhunderts tatsächlich einer der höchsten Lebensstandarde der Welt herrschte, gibt es seit langem weit verbreitete und ausweglose Armut. Millionäre und Großunternehmer wie Alan Bond und Rupert Murdoch werden wie Helden gefeiert, wenn sie Konzerne in den Kernländern des Kapitalismus schlucken, doch Australien hat sich an das Ausland hoch verschuldet, nicht zuletzt an die Japaner, und es ist kaum noch in der Lage, sich gegen die Konkurrenz der ‚Vier Tiger' Südost-Asiens (Singapur, Taiwan, Hongkong und Südkorea) zu wehren. Das Ideal der ‚mateship' (der Bruderschaft der Männer in der Einsamkeit und Härte des ‚outback') verschleiert den Abgrund der Ungleichheiten, der sich zwischen einer finanzkräftigen Minderheit in den Städten und den Arbeitslosen und Kleinfarmern auftut. Die viel gefeierte Unabhängigkeit des kämpferischen australischen Einzelgängers (des „Aussie battler" im Aufsatz von Gordon Dicker, 1979) läßt sich nicht auf die internationalen Beziehungen übertragen: der Kontinent läßt sich ohne die Japaner kaum entwickeln und ohne die Amerikaner kaum verteidigen (vgl. Sidoti, 1982).

Da der Mythos des freien Unternehmertums soziale Gesichtspunkte übermalt, haben es die in der ökumenischen Bewegung zusammenarbeitenden Kirchen schwer, wirksame prophetische Kritik zu üben. Die Katholische Kirche, die ja früher die Kirche der ausgebeuteten Tagelöhner und Industriearbeiter war, hat eine lange Tradition in der Veröffentlichung alljährlicher Hirtenbriefe zu Fragen der sozialen Gerechtigkeit. Doch nachdem die Labour-Partei in den fünfziger Jahren unter den Spannungen zwischen Katholiken und Kommunisten auseinanderbrach, optierte die Kirche in Melbourne für die weit rechts stehende Laienbewegung des B. A. Santamaria, die nach einer Entscheidung des Vatikans zugunsten der gemäßigteren Politik der Erzdiözese Sydney unter dem Namen „National Civic Council" fortbesteht und sogar eine Hochkonjunktur erlebt. Nachdem die Katholische Kommission für Gerechtigkeit und Frieden kritische

Dokumente zur Wirtschaft und zur Friedensfrage veröffentlicht hatte, wurde sie aufgelöst und durch ein neues, den Bischöfen unmittelbar unterstelltes Gremium ersetzt. Der Bericht einer von den Bischöfen in Auftrag gegebenen Untersuchung der katholischen sozialen Wohlfahrtseinrichtungen, der forderte, es müsse mehr für die soziale Gerechtigkeit getan werden, wurde unterdrückt (vgl. Sidoti, 1982: 608; zur Lage der katholischen Kirche siehe auch Campion, 1982; Collins, 1986). Die Entwicklungsorganisation „Aktion für die Weltentwicklung" (AWD), die Hervorragendes auf dem Gebiet der Entwicklungserziehung geleistet hatte, verlor die Zuschüsse der katholischen Kirche und auch des australischen Kirchenrats, allerdings mit unterschiedlichen Begründungen. Der Kirchenrat geriet wegen seiner Stellungnahmen zugunsten der Landrechte für die Ureinwohner und zugunsten der multikulturellen Gesellschaft in den Ruf eines kaum ernstzunehmenden, weit links stehenden Ablegers des als sozialistisch verschrieenen Weltkirchenrats. Die Melbourner Weltmissionskonferenz wurde 1980 von der nationalen Presse so gut wie ignoriert.

In einer solchen Atmosphäre ist es nicht immer leicht, glaubwürdig über die Notwendigkeit der Solidarität aller Pazifik-Völker zu sprechen. Ökumenische Beziehungen, die über die Klärung der Lehrdifferenzen hinausgehen, erhalten unweigerlich eine politische Dimension. Die Entgegnungen der australischen Kirchen – auch der katholischen und der lutherischen, die weder dem ÖRK noch dem Australischen Kirchenrat angehören – auf das Lima-Dokument über Taufe, Eucharistie und Amt waren im wesentlichen zustimmend und theologisch durchdacht (vgl. Tabbernee, Hrsg., o. D.), doch die theologische Grundlage für den ‚integralen Ökumenismus' (vgl. May, 1988 a; 1988 b), der im pazifischen Kontext nottut, fehlt weitgehend. Bisherige Versuche, den ‚australischen Kontext' einer wirklichen einheimischen Theologie und Spiritualität zu definieren (z. B. durch die Zeitschrift Compass Theology Review und den von Hayes, 1979, hrsg. Konferenzbericht, darin besonders die Beiträge von Kelly, Dicker und Ryan) bleiben weitgehend bei Analysen der Haltungen der Australier gegenüber ihren Nationalmythen stecken. Nur die nicht verstummen wollende Frage der Landrechte für die Ureinwohner verspricht zur Speerspitze zu werden, die die Beschäftigung der Australier mit sich selbst durchbricht und sie in die Weite des pazifischen Horizonts führt. Denn die Ureinwohner haben viel mehr mit den übrigen Pazifik-Insulanern gemeinsam, als auf beiden Seiten bewußt zu sein scheint: kulturell, kolonialhistorisch und religiös. Der

Lernprozeß der weißen Australier zu Füßen dieser kaum geachteten Völker hat gerade erst begonnen. Neben den eher aus wirtschaftlichen und strategischen Gründen gesuchten Beziehungen zu den südostasiatischen Ländern gehört dieser Lernprozeß zum wichtigsten Zeugnis der weißen Christen im Pazifik.

Schluß: Bedingungen schöpferischer Zusammenarbeit im Pazifik

Erst 1976 hörte die Römisch-katholische Kirche in Australien auf, der vatikanischen Kongregation für die Evangelisation unterstellt und damit ‚Missionskirche' zu sein (vgl. Hally, 1982: 247). Doch ihrerseits sind die australischen Kirchen schon immer missionarisch gewesen. Gleich nach dem Zweiten Weltkrieg kehrten australische Missionare nicht nur nach Papua-Neuguinea und den Philippinen, sondern auch nach dem einst gefürchteten, jetzt verachteten Japan zurück. Heute wirkt sich ein Phänomen im neuen Pazifik aus, das viel für die ökumenische Zukunft verspricht: die ‚umgekehrte Mission' der zurückkehrenden Missionare und der Flüchtlinge und Einwanderer (vgl. Hally, 1982: 257 ff.). Die United Church in Papua-Neuguinea erhält Pastoren aus Fidschi, während die Evangelisch-Lutherische Kirche in Papua-Neuguinea Missionare nach Nordqueensland zu den australischen Ureinwohnern schickt (dies war eine Anregung ihres ersten einheimischen Bischofs, Sir Zurewe Zurenuoc, vgl. May, 1986 a: 315). Das Nungalinya College im nordaustralischen Darwin ist Mitglied der „Melanesian Association of Theological Schools", die ihrerseits Beziehungen zu ihrem Gegenüber in Südost-Asien unterhält (vgl. Kautil, 1986 b). Seit einigen Jahren besteht eine Dreierbeziehung zwischen den australischen und melanesischen Kirchenräten und der Kommunion der Kirchen in Indonesien (PGI) (vgl. Ataembo, 1986).

Dieses erst im Entstehen begriffene Beziehungsnetz der Christen im Pazifik übersteigt das Verhältnis von sich als „universal" begreifenden Missionskirchen zu den von ihnen abhängigen Ortskirchen oder das bloße Nebeneinander von mit sich selbst beschäftigten „einheimischen" Kirchen und Theologien. Die gegenseitigen Beziehungen der Christen im Pazifik könnten sich zu einer einzigartigen Erfahrung christlicher Solidarität entwickeln, die ihrerseits ein prophetisches Zeichen für die Politiker der Region setzen dürfte. Die Christen im Pazifik stellen sich nicht nur mit ihren sehr unterschiedlichen Kulturen und politischen Systemen aufeinander ein, sondern sie werden sich ihrer politischen Gestaltungskraft bewußt und öffnen sich aus dem Dialog mit ihren eigenen Traditionen und mit den großen Religionsgemeinschaften Asiens, dem Hinduismus, dem Buddhismus und dem Islam. Was noch fehlt, ist die geeignete theologische Methodologie, ein „Bezugsrahmen kollaborativer Kreativität“ (Kelly, 1979, eine Formulierung von Bernard Lonergan übernehmend). So etwas kann nicht wie die Technik „Made in Germany“ importiert werden; es kann nur aus dem Prozeß der gegenseitigen Erziehung zum Dialog erwachsen.

Nach einem so langen Anlaufweg über die Geschichte und die Problematik der Begegnungen zwischen dem christlichen Westen und den mannigfaltigen Kulturen des Pazifik, auf dem wir allerdings manchen theologischen Rohstoff zutage gefördert haben, geht es nun im letzten Hauptteil dieser Arbeit darum, einige grundsätzliche Probleme der entstehenden Theologie im Pazifik in Augenschein zu nehmen. Zur unvermeidlichen Auseinandersetzung mit Kultur, Entwicklung und Politik bringt diese Theologie nämlich eigene Impulse, deren Bedeutung weit über ihre unmittelbaren Ursprungskontexte hinausreichen dürfte.

III. Integraler Ökumenismus

7. ‚Biokosmische' und ‚metakosmische' Religion

Eigenständige, im jeweiligen ‚Land' wurzelnde, dem örtlichen wie dem regionalen ‚Kontext' erwachsende Theologie im Pazifik wird per definitionem ökumenisch sein müssen; aber die Integrationsleistung, die hier gefordert wird, ist noch kaum ins Blickfeld gekommen. Der Begriff ‚ökumenisch' müßte diese Dimension eigentlich enthalten, die über die Beziehungen der christlichen Denominationen zueinander oder den Entwurf einer ‚Theologie der Religionen' hinausgeht und die Interaktion der unterschiedlichsten Religionstypen in den Blick nimmt. Je ein Theologe aus Asien und dem Südpazifik hat mir geholfen, den grundsätzlichen Unterschied, den ich zwischen den im Pazifik vorherrschenden Religionstypen machen möchte, auf den Begriff zu bringen.

Aloysius Pieris aus Sri Lanka hat darauf hingewiesen, daß das religiöse Leben in ganz Asien auf der Grundlage ‚kosmischer' Religionsformen besteht, die zwar den Inhalt der Volksfrömmigkeit bilden, aber nur in vereinzelten Ausnahmefällen als heilsrelevant angesehen werden, denn sie sind längst integriert worden in sie übersteigende ‚metakosmische Soteriologien' (Pieris, 1980: 78 ff.). Ein Beispiel wäre das Verhältnis zwischen der japanischen Naturreligion des Shinto und dem von Indien über China kommenden Mahayana-Buddhismus. Metakosmische Religion bietet grundsätzliche Befreiung von Leiden und Vergänglichkeit und von deren Bedingungen in der Beschaffenheit des Menschen und des Kosmos.

Ennio Mantovani, der als Missionar in Papua-Neuguinea erste Berührung mit einigen Stämmen in Simbu-Gebiet des Hochlands hatte, hat lange darüber nachgedacht, warum der erste Kontakt mit dem christlichen Glauben diesen Menschen anscheinend so wenig bedeutete. Er ist zum Schluß gekommen, daß die von den Missionaren gepredigte Religion fast ausschließlich an Gott im Sinne der Dogmen über sein Wesen und seine Schöpfertätigkeit orientiert war. Sie war theistisch, während sich die Religion der Melanesier, zumal der

Hochländer, um den Kosmos selber und vor allem um das daraus hervorquellende Leben drehte: sie war ‚biokosmisch' (vgl. Mantovani, 1984 c: 31 ff.). Wenn man die Religionstypen betrachtet, die im Pazifik als ganzem eine Rolle spielen, dann scheint es sinnvoll zu sein, zwischen ‚biokosmischer' und ‚metakosmischer' Religion zu unterscheiden und die Beziehungen dieser zwei Grundtypen zueinander zu untersuchen.

Unsere Leitfrage in diesem Kapitel wird sein, wie der christliche Glaube sich zu den beiden Religionstypen und zu ihrer Interaktion im Pazifik verhält. Wir werden uns vergewissern müssen, daß die sogenannte ‚primäre' Religion der Stammesgesellschaften sich im sozialen Medium vollzieht (7.1). Israels Weg vom Stammesverband zum Gottesstaat lehrt viel über die gesellschaftlichen Bedingungen des Durchbruchs zum Theismus (7.2). Doch das Verhältnis zwischen Immanenz und Transzendenz, das sich im Pazifik herausbildet, läßt noch viele Fragen offen (7.3).

7.1 ‚Biokosmische' Religion im Medium der Stammesgesellschaft

Viele der Entdecker und Missionare des 18. Jahrhunderts waren von der ‚Vernunftreligion' des Deismus mindestens so weit beeinflußt, daß sie zu der Meinung neigten, die Religion bestehe in der Verehrung eines höchsten Wesens, und wenn sie statt dessen allenthalben im Pazifik dem Aberglauben und dem Götzendienst begegneten, so lag dies in ihren Augen daran, daß diese unglückseligen Menschen vom ursprünglichen Eingottglauben abgefallen waren. Die vorgefaßte Meinung der ersten Europäer im Pazifik über das Wesen der Religion wird an der Geschichte der Interpretation der Religion der australischen Ureinwohner besonders deutlich (vgl. Swain, 1985). Die Australier, vor allem im Südosten des Kontinents, hatten ja Himmelwesen, die wie Hochgötter anmuteten, aber im alltäglichen rituellen Vollzug der Stämme keine Rolle zu spielen schienen. Die einen Anthropologen, darunter der Missionar Pater Wilhelm Schmidt, meinten, die Ureinwohner hätten einen ursprünglichen, ‚reinen' Religionstyp gehabt, aber im Laufe der Jahrtausende verloren; die anderen, von der damals gerade viel diskutierten Evolutionstheorie beeinflußt, sahen die Ureinwohner erst am Anfang des Weges, der zu den ‚höheren' Religionsformen führt. Der Begriff des deus otiosus – eines höchsten Wesens, das sich nach der Entstehung der Welt aus ihr zurückzieht – erlaubt es, die Stellung der Himmel- und Sonnenwesen in der ‚primären' Religion religionswissenschaftlich zu erfassen, doch „die Stellung, die diese Wesen in der anthropologischen Literatur gefunden haben, steht in keinem Verhältnis zu ihrer Stellung in der Religion der Ureinwohner" (Swain, 1985: 14). Vor diesem Hintergrund wird verständlich, daß die Missionare, wenn nicht deistische, so doch theistische Voraussetzungen in den Pazifik hineintrugen. So wurde die Herausfindung und Übersetzung ‚des' Gottesnamens zum herausragenden Problem. Die Namen der Kulturheroen der Einheimischen, wie Manup und Kilibob bei vielen Melanesiern, wurden gerade deshalb verworfen, weil sie im Leben der Menschen eine zentrale Rolle spielten. Der Versuch, halb vermutete und kaum erinnerte Höchstwesen wie den Anutu der Völker der Huon-Halbinsel als Vater Jesu Christi zu deklarieren, fand nicht immer viel Anklang, und „eine spätere Generation von Christen kam zum Schluß, ihre Gebete blieben deshalb ungehört, weil die Missionare sie dazu verleitet hatten, zum falschen Gott zu beten" (Pech, 1985 b: 31; vgl. Aerts, 1983).

Simon Apea, ein Theologe aus dem südlichen Hochland Papua-Neuguineas, spürt die „Fußstapfen Gottes" unter seinem Volk der Kewa in der Ialibu-Gegend in der Gestalt des Schöpfers und Menschenfreunds Yakili auf, der allerdings durch den furchterregenden Gott der Missionare verdrängt wurde. Gott Yakili war immer bereit, vermittels der Ahngeister den Menschen in ihrer Not zu helfen; Gott Jahwe erscheint als unpersönlich, streng und weltentrückt:

> Im Alten Testament sehen wir, daß Yahweh dem Volk viel näher stand ... Er wurde als Teil der Gemeinschaft erkannt, als einer, der bereit war, die Israeliten zu führen, ihnen den Weg zu weisen, denn er sorgte für Essen und Trinken, führte sie bei ihren Kriegen an und redete mit ihren Führern, wenn sie die Nation vor ihm vertraten. So waren die Israeliten davon überzeugt, daß ihr Gott ein persönlicher, ein mächtiger und ein lebendiger Gott war ... Dies ähnelt der Erfahrung der Menschen von Ialibu mit ihrem Schöpfergott Yakili. Doch das Problem, den christlichen Gott zu erfahren, ist anders gelagert als im Falle Yakilis und Jahwes. Der christliche Gott bleibt ein Geheimnis, was seine Tätigkeiten, seine Gegenwart und seine Nähe zum Volk betrifft ... Dies rührt daher, daß Gott nicht erfahren wird in seiner Welt, in seiner Welt der sozialen, religiösen, wirtschaftlichen und politischen Perspektive. Gott ist weit von diesen Lebensbereichen entfernt. Gott ist in der Umgebung und der Gemeinschaft seines Volkes abwesend. Folglich ist der Christ nicht in der Lage, Gott in seiner Situation und in seinen Problemen zu begegnen. So mag der christliche Gott in der jenseitigen Welt der Geister vielleicht präsent sein, aber sicher ist, daß er mit dem Christen aus Ialibu nichts zu tun hat.

Der christliche Gottesglaube war offensichtlich nicht adäquat rezipierbar. Wenn Mantovani recht hat, dann kommt dies daher, daß der christliche Glaube ‚theistisch' und nicht ‚biokosmisch' verkündet wurde. Doch was heißt das näherhin, und wie könnte man in der Verkündigung grundsätzlich anders verfahren?

Mantovani ist entgegengehalten worden, daß seine Kennzeichnung des Theismus einseitig sei und der trinitarischen Dimension des christlichen Glaubens nicht gerecht werde (vgl. Garland, 1986). Das christliche Gottesverständnis bestehe geradezu darin, daß die göttlichen Personen Beziehungen eingehen und eine exemplarische Gemeinschaft bilden, die sich nach außen hin als unerschöpfliche Liebe zeige. Dieses Beziehungsgefüge lasse sich ohne weiteres auf die traditionelle Religion Melanesiens übertragen, allerdings mit befreiender und erlösender Wirkung in Gesellschaften, die nur das Gleichgewicht des Tausches und der Vergeltung kennen. Garland plädiert für die Anerkennung theistischer Elemente in der melanesischen Religion, die dann als Anknüpfungspunkte für die Verkündigung des trinitarischen Gottes genommen werden könnten.

In seiner Replik mahnt Mantovani an, die melanesische Religion unter Anwendung ihrer eigenen ‚Grammatik' und nicht einer fremden zu kritisieren. Ähnlich ist es keine gültige Kritik der Pidgin-Sprache, sie unter normativer Voraussetzung der Grammatik des Englischen zu kritisieren (Mantovani, 1986 b: 354). Während er bereit ist, zuzugeben, daß die Religion von Sammlern und Jägern wie die der australischen Ureinwohner theistische Elemente aufweist (er gesteht zu, in diesem Zusammenhang von einem „primären Theismus" zu reden, 357), besteht er darauf, daß die Religion der Gartenbauern Melanesiens eben anders ist und ihr mit der ‚Grammatik' der christlichen Trinitätstheologie nicht beizukommen sei. Er zitiert jüngste Forschungsergebnisse über Gottesvorstellungen einiger melanesischer Völker und stellt fest, daß selbst in Ausnahmefällen wie bei den Paiela der Enga-Provinz der Hochgott keine Quelle unbegrenzter Liebe ist, während in typischeren Fällen wie bei den Hua im östlichen Hochland „das physische Leben selbst, unregierbar und furchterregend, das zentrale Geheimis des religiösen Denkens der Männer ist" (Zitat bei Mantovani, 1986 b: 361). Auch die Dema-Mythen, in denen ein Kulturheroe sein Leben opfert, damit Schweine, Früchte und andere Gaben den Menschen zuteil werden, haben keinen Beiklang der sich frei schenkenden Liebe. „Das Letzte scheint ‚Leben' zu sein und nicht Beziehungen oder ‚Liebe' " (363). Doch die Grammatik der melanesischen Religion sei gerade die Grammatik Gottes sich offenbarender

Rede an diese Menschen. So fremd diese Rede uns anmutet, wir müssen sie dennoch entziffern, soll die Botschaft des Evangeliums den Melanesiern verständlich werden.

Es ist Mantovanis Anliegen, die Religion der Melanesier nicht als eine ‚Vorstufe‘ oder eine ‚unterentwickelte Form‘ des Theismus zu sehen, sondern als einen Ausdruck primärer obschon nichttheistischer Religion mit eigenem Recht anzuerkennen. Seine Versuche, das Schweinefest der Simbu als religiösen Ritus zu verstehen, scheiterten immer wieder, bis er lernte, seine Symbolik „innerhalb des Kontexts des biokosmischen religiösen Systems zu verstehen, wo die Gemeinschaft ‚Leben‘ symbolisiert und Sexualität und Ehe der Gemeinschaft dienen“ (Mantovani, 1986 a: 201). „Wenn wir einmal die richtige Kennzeichnung und das richtige Symbolsystem einsetzen, dann werden wir uns bewußt, daß wir es mit gleichgestellten Partnern in einem Dialog zu tun haben“ (203). Diese Feststellung des Religionswissenschaftlers läßt allerdings offen, welchen Stellenwert die biokosmische Religion in einer Theo-logie einnehmen könnte, die sich den Ursprung von Offenbarung und Heil eben metakosmisch vorstellt. Hinzu kommt die rein methodologische Frage, ob es überhaupt möglich ist, eine grundsätzlich verschiedene Tradition von außen und dennoch ‚systemimmanent‘ zu verstehen.

Redeten Wolfhart Pannenberg und seine Freunde vor zwanzig Jahren von der „Offenbarung als Geschichte“, so werden wir in diesem Zusammenhang dazu angeregt, von „Offenbarung als Kultur“ zu reden – solange wir uns darüber im klaren sind, daß es ‚geschichtslose Kulturen‘ im Hegelschen Sinne nicht gibt (zur Überlieferung von Geschichte in mündlichen Kulturen siehe Denoon/Lacey, Hrsg., 1981). Jede Kultur wird dann, wie Mantovani sich gern ausdrückt, zu einer „Sprache der Offenbarung“. Doch ‚Offenbarung‘ ist ein Begriff, der den abrahamitischen Traditionen (Judentum, Christentum, Islam) und einigen Richtungen des Hinduismus eigen ist. Er hängt eng mit dem Besitz einer heiligen Schrift und einer authentischen Auslegung in Form von Lehrinstanzen und -systemen zusammen. Doch die allermeisten religiösen Traditionen der Menschheit und die Grundlagen der sogenannten ‚Hochreligionen‘ in der Frömmigkeit des Volkes sind schriftlos. ‚Offenbarung‘ wird nicht nur mündlich überliefert, der religiöse Vollzug besteht geradezu in den ritualisierten Handlungsabläufen und sozialen Einrichtungen der Gesellschaft selber. Diese bringen den sozialen Sinn hervor, der sie andererseits bestätigt, normiert und sanktioniert. Es ist folglich unmöglich, sich mit einem

Mitglied einer solchen Gesellschaft über seine ‚Meinung' zur ‚Gültigkeit' oder gar ‚Wahrheit' der einen oder anderen religiösen ‚Vorstellung' oder ‚Lehre' seiner Tradition zu unterhalten; es wäre, als ob man nach seiner Meinung zum Wechsel der Jahreszeiten fragte. ‚Primäre' Religion spielt sich ausschließlich im Medium der Gesellschaft selber ab. Ein Großteil des Unterschieds zwischen biokosmischer und metakosmischer Religion hängt daran, daß letztere sich von der unmittelbaren Beziehung eines bestimmten Volkes zum kosmischen Lebensfluß an einem bestimmten Ort freimacht (zur Erläuterung siehe May, 1980; 1984: 199–243; May/Stobbe, 1980).

Als Abschluß seiner Replik an Garland bezieht sich Mantovani auf die Sprache des Theismus als prophetischen Aufruf an das von biokosmischen Religionsgemeinschaften umgebene Israel, der zwar das Volk Gottes reinigte, aber die ersten Christen nicht davon abhielt, Anleihen etwa bei den griechischen und orientalischen Mysterien zu machen (Mantovani, 1986 b: 364). Dieser Hinweis kann uns Anlaß sein, die Ursprünge des Theismus im Werden des Volkes Israel näher zu untersuchen.

7.2 Von den ‚Stämmen Jahwes' zum Gottesstaat: Israels Weg

In den Kirchen des Südpazifik ist jede vollendete Übersetzung eines Teils der Bibel immer ein großes soziales Ereignis. Wenn die Wyclif-Bibelübersetzer („Summer Institute of Linguistics", SIL) ein Buch der Bibel einem Volk in seiner Muttersprache überreichen, so geht das nicht ohne große Feierlichkeiten ab, und der Text wird sofort auswendig gelernt, bei Bibelstudien eingesetzt und im ganzen Sprachgebiet diskutiert (vgl. Otto, 1988). So wird die Theologie im Pazifik gemacht! Ein Ereignis von ganz besonderer Tragweite hat gerade stattgefunden: die Veröffentlichung des vollständigen Alten Testaments in der Pidgin-Sprache Papua-Neuguineas (übrigens eine ökumenische Gemeinschaftsarbeit, zu der die Katholiken voll beigetragen haben). Für diese Völker, die vollkommen ohne Literatur waren, ist die Bibel das Urbuch, die exemplarische Vermittlung unerschütterlicher Wahrheit im Medium der Schrift; das vollständige Alte Testament wird ihnen eine Welt erschließen, die unvermutet vielfältig und vertraut sein dürfte.

Der Umgang mit der Bibel im Pazifik ist allerdings so sehr von den vorgefaßten dogmatischen Vorstellungen der jeweiligen christlichen Denominationen bestimmt, daß der Lebensbezug des Textes oft verlorengeht. So leuchtet es nicht ohne weiteres ein, daß die Israeliten eine Entwicklung durchmachten, die dem Ringen der Pazifik-Völker um nationale, regionale und nicht zuletzt religiöse Identität in vielen Hinsichten ähnelt. Das Spannende dabei dürfte sein, daß die Israeliten sich nicht fatalistisch wie die Pazifik-Völker ihrem Schicksal hingaben, sondern wie Jakob am Jabbok (Gen. 32,23 – 33) mit den Geistern des Ortes (in Melanesien: masalai) kämpften und sie sogar niederrangen (vgl. Otto, 1988: 72 ff.; er berichtet, wie dieses erschütternde Erleuchtungs-Erlebnis von seinen lutherischen Studenten mit schallendem Gelächter quittiert wurde, 73 – 4). Der lange Kampf der Propheten gegen die Fruchtbarkeitskulte Kanaans wird seine Wirkung nicht verfehlen unter Menschen, für die die Hervorbringung neuen Lebens die heilige Handlung schlechthin ist. Die Unsicherheiten und Zweideutigkeiten, die die Einsetzung des Königtums begleiteten und bei der zwiespältigen Beurteilung des Vorhabens von König David, eine Volkszählung durchzuführen, besonders deutlich zum Ausdruck kommen (vgl. 2 Sam. 24,1 – 15), müßten diejenigen nachdenklich machen, die gerade dabei sind, aus rivalisierenden Stämmen Nationen zu schmieden oder gar, wie jüngst in Fidschi, im Namen Gottes und den Heiden zum Trotz die Macht zu übernehmen.

Das eigentlich Durchschlagende am Alten Testament im Pazifik jedoch dürfte sein, daß der Gott Jahwe nicht wie ein mythischer Urahn vom Himmel herabstieg, sondern aus dem Ringen des Volkes selber um seinen Bestand und seine Identität nach und nach hervorging (vgl. Habel, 1977) und daß diese gegenseitige Entdeckung des Gottes und seines Volks ursprünglich ausschließlich im mündlichen Medium überliefert und festgehalten wurde (vgl. Loeliger, 1981). Das Revolutionäre daran ist für Völker, die in biokosmisch ausgerichteten Gemeinschaften primärer Religion leben, das Bewußtwerden der Geschichte als eines von Menschen mitgelenkten und mitgestalteten Prozesses mit eschatologischem Ausgang (vgl. Strelan, 1977 b). Damit einher geht die Realisierung, daß die Menschen diesen Ausgang eben nicht eigenständig bestimmen, sondern in allem, was wirklich identitätsstiftend und geschichtsgestaltend ist, auf Gott angewiesen sind. Das Paradoxon, das aus der späteren Geschichte Israels hervorgeht, daß nämlich Gott dem schuldig gewordenen und politisch vernichteten Volk gegenüber seiner Verheißung treu bleibt, vertieft noch die Herausforderung des Alten Testaments an die stolz auf die Macht (paua) ihrer Riten und Bräuche pochenden Völker des Pazifik (zum Machtbegriff in Melanesien siehe Ahrens, 1978 b).

Mit Recht schließt Eckhart Otto seine vergleichende Betrachtung der Rechtsordnungen Melanesiens und Israels mit der Bemerkung ab:

> Die in der Rechtsgeschichte und Ethik des antiken Israel vollzogene Entwicklung von einer alternativlosen Handlungsanleitung in den Strukturen einer segmentären Tribalgesellschaft zu einer Ethik personaler Verantwortung sind in Papua-Neuguinea heute zu vollziehende Schritte auf dem Wege in die moderne, wertplurale demokratische Gesellschaft, die die Verfassung von Papua-Neuguinea aus dem Jahre 1975 umreißt. Die Kirchen haben im Alten Testament eine kulturhistorische wichtige Brücke in der Entwicklung der melanesischen Gesellschaft. Sie müssen es zur Geltung bringen (Otto, 1988: 76).

Im Vergleich mit vielen anderen religiösen Traditionen erscheint das christliche Verhältnis zur Natur auf verhängnisvolle Weise defekt, und in einem früheren Stadium der Ökologie-Debatte hat man die Schuld dafür dem Alten Testament gegeben. Hängt dies mit der Anlage des metakosmischen Religionstyps zusammen? Der Buddhismus scheint ein Gegenbeispiel zu liefern (vgl. May, 1979). Ist die biokosmische Religion von sich aus naturfreundlich? Wir müssen uns davor hüten, die Pazifik-Völker als ‚edle Wilde' in ungestörter Harmonie mit ihrer Umwelt lebend vorzustellen. Die biokosmische Religion bringt es sehr wohl mit sich, daß man möglichst im Einklang mit der Natur lebt, allerdings nicht unbedingt aus bewußter Sorge um die Umwelt, sondern weil man weiß, daß das Wohlergehen der Gemeinschaft vom Wohlwollen der Geister abhängt. Jetzt, da der Westen den Menschen im Pazifik die technischen Mittel in die Hand gibt, die Natur auszubeuten und nachhaltig umzugestalten, erweisen sie sich als genauso rücksichtslos und profitgierig wie ihre europäischen Vorbilder. So sind es Japaner, die traditionell ein besonders sensibles Verhältnis zur Natur haben sollen, die die Wälder abholzen, die Meere leerfischen und ihren Atommüll rund um den Pazifik lagern (vgl. Siwatibau/Williams, Hrsg., 1982). Dazu muß allerdings auch gesagt werden, daß die Völker des Südpazifik, in vielen Fällen von engagierten Christen angeleitet, sich entschlossen gegen die Zerstörung ihrer Umwelt wehren. Die Pazifische Kirchenkonferenz hat sich wiederholt in diesem Sinne geäußert, im Umkreis des Melanesischen Kirchenrats ist eine Melanesische Umwelt-Stiftung entstanden, und auch in Irian-Jaya versuchen kleine Gruppen, sich gegen die von Indonesien forcierte ‚Entwicklung' zu stellen (vgl. Pogolamun u. a., 1985).

Unsere Fallstudie zur Überwindung der biokosmischen Religion in der Geschichte Israels läßt also manches noch offen. Birgt der Durchbruch zur metakosmischen Religion neben der Befreiung aus Naturzwängen auch Gefährliches in sich, eine Art Sündenfall, eine Vertreibung aus dem Paradies, etwas ‚Gnostisches', das eine unerfüllte Sehnsucht hinterläßt? Oder verstellt uns diese jüdisch-christliche Bildsprache den Blick für weitere Alternativen? Wir müssen uns noch um eine christlich-theologische Lösung dieser Fragen bemühen.

7.3 Wege der Transzendenz im Pazifik

In seiner bereits klassisch gewordenen Antwort auf die Frage „Was bedeutet religiöse Erfahrung für einen Melanesier?" (Narokobi, 1977 = 1985) hebt Bernard Narokobi die Einheit dieser Erfahrung hervor:

> Nach meiner Überzeugung differenzieren Melanesier nicht zwischen religiöser und nichtreligiöser Erfahrung. Für sie, glaube ich, ist eine Erfahrung oder die Erfahrung im allgemeinen eine ganzheitliche Begegnung der lebendigen Person mit einem Universum, das explosiv lebendig ist. Für Melanesier gibt es in der Tat nicht ‚religiöse' und ‚andere' Erfahrungen. Erfahrung für einen Melanesier, so ist meine Überzeugung, ist die Begegnung der Person mit Geist, Gesetz, Wirtschaft, Politik und der eigentümlichen Ganzheit des Lebens. ... Der Bequemlichkeit halber kann man dies ‚religiös' nennen. Ich selber würde es vorziehen, von „der Vision des Melanesiers vom Kosmos und seiner Beziehung zum Kosmos" zu reden (Narokobi, 1985: 70).

Narokobi gesteht zu, daß die Erlangung eines Gleichgewichts zwischen diesem melanesischen Weltbild und dem christlichen Glauben für ihn „eine lange und schmerzhafte Erfahrung" gewesen ist, zu der seine Römisch-katholische Kirche wenig Positives beigetragen hat (Narokobi, 1985: 76–77). Ein ‚integraler Ökumenismus', der der im Pazifik entstehenden exemplarischen Ökumene der Religionen und Kulturen, der Nationen und Gesellschaftssysteme gerecht werden soll, wird sich die Wiedergewinnung dieser Einheit religiöser Erfahrung zum Ziel setzen müssen.

Die Primärreligionen Melanesiens und die verschiedenen Strömungen des Buddhismus sind sich bisher kaum begegnet, aber sie stellen Grenzfälle der Religionstypen dar, die sich im Pazifik langsam aufeinander zuzubewegen beginnen. Ist die melanesische Religion für den biokosmischen Typ paradigmatisch, so stellt der Buddhismus die metakosmische Religionsform schlechthin dar. Man könnte die zwei

Idealtypen mit Harold Turner (1977 b) ‚primäre' und ‚universale' Formen der Religion nennen, eine Terminologie, die einerseits die Bezogenheit auf die elementaren Lebensbedingungen an einem bestimmten Ort, andererseits die Möglichkeit der Übertragung auf andere kulturelle Kontexte hervorhebt. Doch in reiner Form wird man weder den einen noch den anderen Typ verwirklicht finden: Die Melanesier kennen sehr wohl Erfahrungen der Transzendenz, wie wir gleich sehen werden; und der asiatische Buddhismus hat verschiedene Formen ‚kosmischer' Naturreligion in sich integriert (vgl. Pieris, 1980; siehe auch Tambiah, 1970).

Das stark missionarisch ausgerichtete Christentum hat mit allen anderen im Pazifik vorhandenen Religionsformen mehr oder weniger intensive Beziehungen gehabt. Es muß Theologen zu denken geben, daß das Christentum dort, wo es auf Primärreligionen gestoßen ist, missionarische Erfolge erzielt hat; wo andere universale Religionen bereits vorhanden waren, ist die christliche Kirche bis heute ein Randphänomen geblieben (vgl. Turner, 1977 b: 37). Es ist allerdings bezeichnend, daß gerade bei den australischen Ureinwohnern, die früher als besonders ‚primitiv' galten, der Konversionsprozeß erheblich vielschichtiger und unvollständiger verlaufen ist, als gemeinhin angenommen wurde (siehe dazu Willis, 1988). Im allgemeinen jedoch erreicht man nur unter Einbeziehung der katholischen Philippinen, und dann mit Mühe, einen Anteil der Christen an der Gesamtbevölkerung Asiens von 2% – und das nach vier Jahrhunderten Mission!

Australien und Neuseeland werden rasch nicht nur zu multikulturellen, sondern zu ausdrücklich multireligiösen Gesellschaften (siehe den Bericht der Kommission des anglikanischen Erzbischofs von Melbourne über multikulturelle Pastoral und Mission, Anglican Diocese of Melbourne, 1985). In Indonesien existieren die Kirchen in einer zerbrechlichen, von der Staatsideologie der pancha-sila diktierten Harmonie mit dem Islam in der größten aller muslimischen Nationen, obwohl ihre Missionen faktisch mit ihm konkurrieren (vgl. Melanesian Institute, 1985, zur Zukunft des Dialogs mit dem Islam; Humphrey/Mograby, 1985, über den Islam in Australien). Auf Fidschi haben sich die einst eher formellen Beziehungen der ökumenisch aufgeschlossenen Christen zu den mehrheitlich dort angesiedelten indischen Hindus und Muslims seit dem zweifachen Militärputsch von 1987, der vom Hauptmann Rabuka unmißverständlich im Namen Gottes durchgeführt wurde, auf einmal merklich intensiviert (vgl.

Garrett, 1988). Im ganzen Pazifik agieren auch noch mit Erfolg verschiedene neureligiöse Bewegungen wie die Baha'i neben neu eingeführten quasi-christlichen Sekten wie den Mormonen. Die religiöse Szenerie, die nie eintönig war, ist eindeutig in Bewegung geraten. Doch hat die im Pazifik entstehende christliche Theologie Ansätze entwickelt, die dieser Situation gerecht werden?

Hier rächen sich zwei Versäumnisse der missionarischen Vergangenheit: die in Ansätzen steckengebliebene Aufarbeitung der theologischen Differenzen zwischen den christlichen Kirchen, denn obwohl diese den Pazifik-Insulanern nicht liegt, bringt sie eine gewisse Einübung in der Offenheit für die Glaubensüberzeugungen anderer; und ein Dialog aller Christen mit den Traditionen der eigenen Kulturen. Daran müßte sich nämlich zeigen, wie die biokosmischen Elemente der verschiedenen Primärreligionen dazu beitragen könnten, die metakosmisch ausgerichteten Universalreligionen auf das Leben der Menschen in ihren neuen sozialen und politischen Kontexten zu beziehen. Die christlichen Missionen haben es weitgehend versäumt, die bei den Primärreligionen vorhandenen Zeugnisse von Transzendenzerfahrungen wahrzunehmen und anzuerkennen.

Es ist lehrreich, im Zusammenhang der Frage nach ‚Wegen der Transzendenz' in den wichtigsten religiösen Traditionen (die Dowdy, Hrsg., 1982: 1 – 5 als Frage nach der diesseitigen Erfahrung einer jenseitigen Wirklichkeit formuliert) die Stellung des Transzendenten im Lebensvollzug der Stammesgesellschaften zu untersuchen. Es stellt sich zum Beispiel heraus, daß das ‚Träumen' der australischen Ureinwohner die Grundlage einer zutiefst religiösen Erfahrung bildet, die in den rituellen Feiern, an denen die Ahnen- und Totemgeister teilnehmen, und an den heiligen Orten, wo die Kultgegenstände und -gemälde aufbewahrt werden, besonders spürbar wird (vgl. Deakin, 1982; Wilson, 1979). Bei den Melanesiern, obwohl ausdrücklich theistische Elemente meistens fehlen, spielen Träume eine sehr wichtige Rolle bei der Herstellung und Aufrechterhaltung der lebenswichtigen Beziehungen zu den Ahnen und Geistern (vgl. Stephen, 1980), vor allem dort, wo der gefürchtete Todeszauber (sanguma) im Spiel ist (vgl. Stephen, 1979). Die traditionell tätigen, oft weiblichen Medien und Schamanen (vgl. Stephen, 1980: 32, 42; Jojoga, 1977) haben Träume, Trancezustände und Geistbesessenheit als Mittel verwendet, Wegweisungen und auch – echt melanesisch! – handfeste materielle Vorteile für ihre Völker zu erlangen; im christlichen Kontext nach der Berührung mit den Weißen haben diese Traditionen prophetische Gestalten hervorgebracht (für fünf Beispiele siehe Trompf, Hrsg. 1977). Die Entstehung der sogenannten Cargo-Kulte hängt ganz offensichtlich mit solchen Phänomenen zusammen, und man verkennt diese Bewegungen vollkommen, wenn man in ihnen nur die Gier nach westlichen Konsumgütern oder psychische Störungen und nicht den metakosmischen Bezug zur Transzendenz sieht (vgl. Strelan, 1977 a; 1977 b; 1986). Auch in Polynesien spielen Träume und Trancen eine zentrale Rolle bei der religiösen Erfahrung (vgl. Irwin, 1980).

Die biokosmischen und metakosmischen Religionstypen sind eben das: Idealtypen, die in den allermeisten religiösen Traditionen, die gegenwärtig in der Pazifik-Region miteinander in Kommunikation treten, beide zugleich vorhanden sind, was Weiterentwicklungen und gegenseitige Ergänzungen ermöglicht. Dies gilt für die mehr universal ausgerichteten Traditionen des Buddhismus, des Christentums und des Islam wie auch für den mehr ethnisch orientierten Hinduismus und die Primärreligionen der Ureinwohner und Insulaner. Für die christliche Theologie im Pazifik bedeutet diese Perspektive eine fast überwältigende Herausforderung und eine ökumenisch bedeutsame Lernerfahrung zugleich. Der Nachruf der ‚Kulturzerstörung', der den Missionskirchen immer noch anhängt, könnte in einen entscheidenden Beitrag zur Mitgestaltung des sich bewußtwerdenden ‚pazifischen Geistes' umgewandelt werden.

Schluß: Der fundamentalistische Gegenzug

Zum Schluß müssen wir allerdings von der Höhe dieser Vision etwas heruntersteigen, denn keineswegs alle Christen im Pazifik wären bereit, die religiöse Lage in diesem Sinne ‚integral-ökumenisch' zu sehen. Für sie heißt die Aufgabe vielmehr: möglichst schnell möglichst viele Pazifik-Insulaner und Asiaten zum Glauben an Christus zu bekehren, unter Aufgabe ihrer traditionellen Lebensstile und vor allem der Bestandteile an ihnen, die irgendwie als religiös gedeutet werden könnten. Die Stärke dieser Überzeugung unter Christen, die aus evangelikalen, pfingstlerischen, adventistischen oder neuapostolischen Richtungen kommen, ist nicht zu unterschätzen. Sie hängt ganz wesentlich mit einer eigentümlichen Beziehung zur Bibel zusammen, die in einem ziemlich strengen, im nächsten Kapitel näher zu erläuternden Sinn als ‚fundamentalistisch' bezeichnet werden kann und mit sozialen wie politischen Implikationen belastet ist. Doch bei vielen von außen eingeführten oder einheimisch entstandenen Gruppen und Sekten spielen außergewöhnliche religiöse Erfahrungen eine derartige Rolle, daß die Mahnungen der etablierten Kirchen zur Vernunft und Offenheit in den Wind geschlagen werden. Jede ökumenische Strategie für den Pazifik muß diese Faktoren in Rechnung stellen.

8. Die Anziehungskraft des Fundamentalismus und die Suche nach Identität

Die weltweite Ausbreitung des Phänomens, das mit zweifelhaftem Recht weithin ‚Fundamentalismus' genannt wird, verdient mehr Beachtung, als ihr von sozialwissenschaftlicher und theologischer Seite geschenkt wird. Die Bezeichnung stammt zwar aus Kreisen des amerikanischen evangelikalen Christentums der Jahrhundertwende (vgl. Marsden, 1981), doch sie wird inzwischen sorglos auf Bewegungen im Islam und in anderen Religionsgemeinschaften angewendet, die Festigkeit im Glauben und Entschlossenheit bei der Abwehr fremder und bedrohlicher Geistesströmungen an den Tag legen. Wie dem auch sei, die Anziehungskraft des Fundamentalismus muß sehr tiefe sozialpsychologische Wurzeln haben, denn sie macht vor keinen Grenzen der Klasse, Rasse oder Religion halt. Das rasche Voranschreiten der Modernisierung, die längst nicht mehr mit Verwestlichung gleichgesetzt werden kann, sondern zu einer ‚globalen Zivilisation' (V. S. Naipaul) zusammenwächst, hinterläßt offensichtlich ein geistig-religiöses Vakuum, das für eine zunehmende Zahl von Menschen nur durch Spielarten des Fundamentalismus gefüllt werden kann.

Der Pazifik macht hier keine Ausnahme; ganz im Gegenteil, Kirchen und Sekten, die in einem zu erläuternden strengen Sinne als fundamentalistisch zu bezeichnen sind, haben großen Zulauf, ob in Japan oder Korea, Singapur oder Sydney, Papua-Neuguinea oder Fidschi. In den muslimischen Ländern, vor allem Malaysia, aber teilweise auch in Indonesien, sind entsprechende Phänomene zu beobachten. Es ist wichtig, sich zuerst klarzumachen, woher der Fundamentalismus im strengen Sinne stammt und welchen theologischen Stellenwert er im Zusammenhang der verschiedenen christlichen Traditionen hat (8.1). Man muß aber auch davon Kenntnis nehmen, welche Rolle diejenigen Richtungen, die als fundamentalistisch zu bezeichnen sind, bei der Identitätssuche der Pazifik-Völker spielen (8.2). Erst dann werden wir in der Lage sein, die sozialen und politischen Implikationen des Fundamentalismus im Pazifik einzuschätzen (8.3).

8.1 Spielarten des Fundamentalismus im Pazifik

Strenggenommen müßte man die Bezeichnung ‚Fundamentalismus' nur für diejenigen Richtungen und Gruppen im freikirchlichen Protestantismus der englischsprachigen Länder verwenden, die von den Erweckungsbewegungen um die Jahrhundertwende stammen. Diese Kreise haben die Bücherreihe „Die Fundamente" (1910–1915) hervorgebracht, durchaus solide und seriöse Abhandlungen amerikanischer evangelikaler Theologen über die Grundlagen des christlichen Glaubens, die vor den in erster Linie von den Naturwissenschaften verursachten Umwälzungen der modernen Zeit bewahrt werden müßten (siehe Barr, James, 1977: 2). Weit davon entfernt, als Schimpfwort verstanden zu werden, wird der Titel ‚Fundamentalist' von einer ganzen Reihe amerikanischer Christen evangelikaler oder pfingstlerischer Herkunft mit Stolz getragen, obwohl andere es vorziehen, als ‚konservativ-evangelikal' bezeichnet zu werden. Dennoch wird man keine Gruppe finden, die sich schlechthin als fundamentalistisch versteht; wie James Barr (1977: 342) treffend bemerkt, ist der Fundamentalismus nicht organisatorisch, sondern lediglich intellektuell als ‚Sekte' zu verstehen. Es ist geradezu ironisch, daß weder christliche Charismatiker, Evangelikale noch Adventisten mit irgendeiner logischen oder theologischen Notwendigkeit fundamentalistisch sein müssen (vgl. Hollenweger, 1972: 304–5). In meinen Gesprächen mit Christen dieser Glaubensüberzeugungen ist dies immer wieder eine Quelle von Mißverständnissen gewesen. Es ist allerdings nicht verwunderlich, daß christliche Theologen den Fundamentalismus ständig unterschätzen und lächerlich machen, haben sie es doch versäumt, ihn ernsthaft wissenschaftlich zu untersuchen (vgl. Barr, James, 1982: 24).

Es wird oft gesagt, der Fundamentalist sei einer, der die Bibel wörtlich nimmt. James Barr (1977: 1; 1982: 26; 1984: 1–7) hat wiederholt darauf hingewiesen, daß nichts abwegiger sein könnte als diese Auffassung! Wenn Fundamentalisten dies nur täten, würden sie schnell feststellen, daß die Bibel sich in Fragen der Tatsachenwahrheit auf fast jeder Seite widerspricht und eine Vielzahl von kulturellen

Voraussetzungen und theologischen Richtungen aufweist. Vielmehr sind Fundamentalisten der Überzeugung, daß die Bibel ganz und gar ohne Irrtum ist; und diese Überzeugung ist ganz und gar rationalistisch. Es ist also paradox, daß der Fundamentalismus, der aus der Frontstellung evangelikaler Christen gegen Humanismus und Rationalismus entstanden ist, im tiefsten selber auf einem vorgefaßten ideologischen Konstrukt basiert. Jede Unstimmigkeit in der wörtlichen Bedeutung des heiligen Texts wird vermittels der unglaublichsten intellektuellen Verrenkungen wegrationalisiert, z. B. werden die mystischen Zahlen der Bücher Daniels oder der Offenbarung miteinander harmonisiert. Der Ideologie der biblischen Unfehlbarkeit liegt jedoch eine geradezu religiöse Verehrung der Heiligen Schrift als solcher zugrunde, die nur mit der Ehrfurcht der Muslime vor dem heiligen Qur'an oder mit der Stellung der sutras in manchen Richtungen des Mahayana-Buddhismus verglichen werden kann; James Barr (1977: 36 – 7) zieht Vergleiche mit der Herz-Jesu-Verehrung oder der Stellung der unbefleckten Jungfrau in der römisch-katholischen Frömmigkeit heran. Von historisch-kritischer Auslegung oder Hermeneutik darf keine Rede sein, denn Fundamentalisten sind der Meinung, daß solch liberal-humanistischer Umgang mit der Bibel das Gotteswort entehrt.

Die damit implizierte theologische Frage verschärft sich, wenn man feststellt, daß diese Geisteshaltung vielen Christen ganz recht ist, nicht zuletzt im Pazifik. Dies gilt für Europäer aus dem Bereich der Wissenschaft und vor allem der Geschäftswelt genauso wie für Pazifik-Insulaner, die in den entlegensten Dörfern wie auch in der Berufswelt der Städte sich von fundamentalistischen Predigern angesprochen fühlen. Es leuchtet zwar ein, daß die Hinweise solcher Prediger auf die bloßen ‚Nennchristen' der Hauptkirchen und die Trägheit ihrer formalistischen Gottesdienste ihre Wirkung nicht verfehlen. Die Melanesier insbesondere wollen Ergebnisse sehen, wenn es sich um neue Riten handelt. Die evangelikalen und adventistischen Kirchen schaffen es, tadelose erzieherische, medizinische und landwirtschaftliche Einrichtungen zustande zu bringen, die rechtschaffene und als Arbeitskräfte viel gesuchte Graduierte produzieren. Die Pfingstler sorgen dafür, daß Glaube Erfahrungssache wird. Doch das eigentlich fundamentalistische Element aller solcher Gemeinschaften trägt dazu bei, daß die Menschen sich in ihrer neuen Identität als modern und melanesisch zugleich bestätigt fühlen. Eine Befragung bei Pfingstgruppen in der Hauptstadt Port Moresby hat ergeben, daß viele

Anhänger dieser Kirchen im lebendigen Gottesdienst und in der engverflochtenen Gemeinschaft religiöse ‚Kraft' (paua) erfahren (vgl. Barr, Kevin, 1983; zur melanesischen Auffassung von paua als ‚Macht' im religiösen Bereich siehe Ahrens, 1978 b). Das Gefühl, endlich das wahre ‚Geheimnis' der Weißen entdeckt zu haben, dürfte auch eine Rolle spielen; und die strengen Tabus, die diese Gemeinschaften aufstellen, müßten Pazifik-Menschen vollkommen vertraut sein.

Es ginge jedoch zu weit, wenn man den Eindruck erweckte, der Fundamentalismus im Pazifik sei ausschließlich eine Sache der sektiererischen Abkömmlinge der Freikirchen. In einer persönlichen Mitteilung hat Theo Ahrens darauf hingewiesen, daß es so etwas wie einen „morphologischen Fundamentalismus" in den Autoritätsstrukturen der Römisch-katholischen Kirche gibt (vgl. May, 1986 c: 10). Das Gefühl, in einem feststehenden Gefüge von Ämtern verankert zu sein, das göttliche Offenbarung und Wahrheit auf Lehrautorität und Lebensführung überträgt, ohne daß der einzelne viel darüber nachdenken muß, hat sicherlich zum missionarischen Erfolg der Katholiken im Pazifik beigetragen (vgl. May, 1985: 139).

Auch die Erneuerungsbewegungen im Islam, nicht zuletzt in Malaysia und in Ansätzen auch in Indonesien, z. B. in der Aceh-Region, werden zunehmend als fundamentalistisch bezeichnet. Nun sieht das Verhältnis aller orthodoxen Muslime zum heiligen Qur'an, der als ‚Schriftwerdung' der wörtlichen Mitteilungen Allahs an seinen Propheten angesehen und entsprechend verehrt wird, auf den ersten Blick wie ein Musterbeispiel des biblischen Fundamentalismus aus. Doch auf eigentümliche Weise treffen sich gerade die ‚Modernisten' der islamischen Welt mit den ‚Neo-Fundamentalisten' in der Anerkennung von Qur'an und Sunna (der ursprünglichen Überlieferungsschicht) als den alleinigen authentischen Quellen des Islam, die einen, um sie in die Sprache der Moderne zu übertragen, die anderen, um unverändert daran festzuhalten (siehe dazu Simatupang, 1979). Es sind die ‚Traditionalisten', die die Entwicklungen des ersten islamischen Jahrtausends bis zur ‚Schließung des Tors der Auslegung (ijtihad) durch den Konsens (ijma) der Gemeinschaft der Gläubigen' akzeptieren. Dadurch werden sie besonders unbeweglich, wenn es darum geht, die islamische Gesetzessammlung (Scharia) für nichtarabische und modern-pluralistische Kontexte auszulegen (vgl. Jansen, 1979: 26–7; 201). Es ist die Militanz, mit der sie den Zusammenhalt der zugleich religiösen und politischen Gemeinschaft (umma) des

Islam verteidigen, die zu Problemen mit dem islamischen ‚Fundamentalismus' führt (vgl. Rondo, 1982).

Die Frage bleibt noch, warum sich die Menschen in praktisch allen Ländern des Pazifik-Beckens von der einen oder anderen Spielart des Fundamentalismus so kräftig angezogen fühlen. Es lohnt, diese Frage gesondert zu erörtern, bevor wir die ökumenische Alternative zum Fundamentalismus in Erwägung ziehen.

8.2 Sofort-Identität: Die fundamentalistische Versuchung

In einer Hinsicht könnte der Erfolg des Fundamentalismus im Pazifik fast als Zufalls-Treffer bezeichnet werden. Es kommt vor, daß die Prediger der neuen Minderheitskirchen – wie ihre Kollegen, die Missionare der Hauptkirchen, eine Generation vor ihnen – nicht wissen, warum ihre Botschaft bei den Menschen ankommt und was die Pazifik-Insulaner daraus machen (im Sepik-Gebiet Papua-Neuguineas z. B. ist eine solche Kirche unversehens Bestandteil eines Cargo-Kults geworden, vgl. Gesch, 1985: 139). Dies ist auch nicht verwunderlich, wenn man bedenkt, daß diese Kirchen jeder Form kritischer Theologie oder sozialwissenschaftlicher Analyse abhold sind, weil sie sie als ‚Liberalismus' oder ‚Humanismus' ansehen.

Obwohl in den meisten Pazifik-Ländern höchstens 20% der Bevölkerung in Städten leben, ist die Verstädterung bei Kulturen, die die Stadt gar nicht kannten, die eigentliche Triebkraft des sozialen Umsturzes. Zwar entwickeln die Menschen erstaunlich schnell neue urbane Lebensstile, die die Gewohnheiten des Dorfes und der Stammesgemeinschaft nach Möglichkeit auf städtische Verhältnisse umstellen (vgl. Levine/Levine, 1979: 70, 142). Doch in Ländern ohne weitgehende Industrialisierung lernen die Leute die verlockenden Produkte der modernen Zivilisation kennen, nicht die harten Bedingungen, unter denen sie produziert werden. Hinzu kommt, daß „städtische Zentren Katalysatoren der Kulturveränderung bei der ländlichen Bevölkerung" werden (Schwarz, 1984 b: 37). Obwohl die Städte tatsächlich zu Werkstätten einer neuen Identität werden, stellen sie viele Menschen im Pazifik vor „Dilemma und Verzweiflung" (Narokobi, 1983: 37), ja vor „Persönlichkeitsverlust" (Naipaul, 1981: 366). Menschen, die sich nach außen hin der Stadt angepaßt haben, können sich vorkommen wie die ersten, die aus dem Paradies ausgetrieben worden sind (vgl. Naipaul, 1981: 228; das Thema des ‚Sündenfalls' der Moderne ist im Schrifttum des Bernard Narokobi überall latent). In der Stadt hängt Gemeinschaft nicht mehr unmittelbar von Verwandtschaft ab: sie muß erst und immer wieder inmitten einer großen, fremden Menschenmenge geschaffen werden (vgl. Schwarz, 1984 b: 232).

> Identität wird von der Moderne in einer Befreiung von den Urbildern der Ahnen erhofft, während in der vormodernen melanesischen Gesellschaft Identität nicht jenseits, sondern in den vorgegebenen Rollen zu verwirklichen war und in der inneren Aneignung der Urbilder der Ahnen und in ihren Wertvorstellungen gefunden wurde (Ahrens, 1986: 180–1).

Die Pazifik-Länder, ob es die Kirchen wollen oder nicht, werden eben mit rasanter Schnelligkeit ‚säkularisiert'; Produktion, Verwaltung und Politik werden ‚entzaubert' und rationalisiert; und dies hat traumatische Auswirkungen darauf, wie die Menschen sich und ihre Geschichte – ihre ‚Identität' – verstehen, wie sie die Vorkommnisse des Alltagslebens ‚erklären', und wie sie Gemeinschaft erfahren (vgl. Trompf, 1977; Janssen, 1984 a). Es fällt den Christen wie den Marxisten unter den ausländischen Intellektuellen in den Pazifik-Ländern schwer, in den fundamentalistischen Sekten auch nur entfernt eine Antwort auf das Dilemma der Einheimischen zu sehen; doch sie selbst sehen es offensichtlich anders.

Einmal sind die bereits ‚klassisch' gewordenen Cargo-Kulte keineswegs tot, sondern sie kleiden sich in politische, wirtschaftliche, aber auch kirchliche Gestalt, um unterirdisch fortwirken zu können (vgl. Trompf, 1984). Es gibt Beispiele von Heilig-Geist-Bewegungen, die eigentlich als charismatische Erneuerung einzustufen wären, und dennoch cargoistische Elemente enthalten, z. B. die Suche nach ‚Wissenschaft' (nach moderner Technik und dem Geheimwissen der Weißen) als Gabe des Geistes (vgl. Flannery, 1983). Ein herber Kontrast zu den etablierten Kirchen ist die hervorragende Rolle, die Jugendliche und Frauen bei den Pfingstgemeinschaften spielen: Statt von ausländischen Führungseliten und ihren einheimischen Nachfolgern bevormundet zu werden, dürfen auch sie zum Gottesdienst und zur Gemeinde beitragen, und zwar auf traditionell vertraute Weise, indem sie ihre Träume besprechen und Trancezustände erfahren. Insbesondere werden Sünden und böse Taten öffentlich bloßgestellt, damit die Gemeinschaft immer wieder gereinigt werden kann (vgl. Flannery, 1984). In einer wertvollen Untersuchung der Beziehungen zwischen den traditionellen Geistern Melanesiens und der Erfahrung des Heiligen Geistes im Christentum kommt Simeon Namunu, ein

Theologe der United Church, zum vorsichtigen Schluß, daß in der Frömmigkeit der Leute der Geist die Funktion der Geister übernehmen kann, ja daß in manchen Zusammenhängen, z. B. der Heilung durch Gebet, „anscheinend keine Unterscheidung gemacht wurde zwischen dem Wirken der Macht Gottes und der der traditionellen Geister" (Namunu, 1984: 111). Unter solchen Umständen wird gerade das Pfingstlertum fast von selber einheimisch, und es nimmt deshalb nicht wunder, daß diese Bewegung weltweit den größten und schnellsten Zuwachs hat (vgl. Barr, John, 1983 a; 1983 b; 1984).

Erweist man sich aber nicht als kleingeistig und neidisch, wenn man auf den Fundamentalismus hinweist, der diesen Bewegungen immer wieder zugrundeliegt? Ist es nicht offenkundig, daß gerade die neuen, unabhängigen und wirklich einheimischen Kirchen den Menschen in Afrika (vgl. Becken, 1985), Lateinamerika (vgl. Ireland, 1980) und im Pazifik ihr Selbstwertgefühl zurückgeben und zur dringend notwendigen neuen Identität entscheidend beitragen? Leider ist die Antwort hierauf nicht ganz so einfach.

Psychologische Entlastung tut not, doch sie ist keineswegs gleichzusetzen mit der im Glauben geschenkten Rechtfertigung des sündigen Menschen. Nicht die Entrückung aus den irdischen Nöten – ein Lieblingsthema der Fundamentalisten (siehe die Literaturbeispiele bei May, 1986 c: 22 – 3) –, sondern ihre Hinnahme und Bewältigung in der Kraft des Geistes gehört zum Imperativ des Evangeliums (vgl. Lk 4,18 – 19; 7,18 – 23, wo nicht nur von Heilung, sondern von Befreiung und guter Nachricht für die Armen die Rede ist). Trotz der manchmal nur flüchtigen Unterstützung, die die Wiedergeborenen bei den fundamentalistisch beeinflußten Gemeinschaften finden, ist der Fundamentalismus im Kern individualistisch. Er engt den Glauben auf die rettende Erfahrung und Überzeugung des einzelnen ein und verleiht dieser das Siegel der Unfehlbarkeit (und folglich der Intoleranz). Er verspricht Sofort-Identität, die die Auseinandersetzung mit den Ursachen, den guten wie bösen Folgen und nicht zuletzt der Legitimität der neuen Entwicklungen, der politischen Strukturen und der technischen Zivilisation ausspart. Wenn man aber die Bibel als organisch zusammengewachsenes Ganzes liest, als die Geschichte der Gründung und der Erziehung eines Volkes, das zum Gottesvolk für alle Menschen und die ganze Schöpfung wird, dann erweist sich diese Haltung als unevangelisch und unökumenisch, was am Ende das gleiche ist. Wir wollen diese Fragestellung zum Schluß noch weiter verfolgen.

Die Grundmotivation des Fundamentalismus ist die Verteidigung der Irrtumslosigkeit der Bibel als eines heiligen Textes gegen die der Auflösung durch die kritische Wissenschaft und den modernen Pluralismus. Sein Fehler ist die ihm zugrundeliegende Annahme, daß die Offenbarung ganz und unveränderlich ein für alle Mal und ausschließlich dem biblischen Text entnommen werden kann, a-kulturell und a-historisch, unabhängig von jeder Auslegungstradition und jeder Auslegungsgemeinschaft. Er hat folglich eine ängstliche und eine abenteuerliche Seite: die Bewahrung des vermeintlich unfehlbaren heiligen Textes vor jeder Interpretation (außer der eigenen) und die Aufgabe, so viele einzelne Menschen wie nur möglich zur allein rettenden Überzeugung zu führen, die der (eigenen) Auslegung der Heiligen Schrift entspricht. Es ist nicht ganz ohne Relevanz für die Situation im Pazifik, daß diese Geisteshaltung im amerikanischen Grenzgebiet zum ‚wilden Westen' geboren wurde, wo die zerbrechliche, dünn gestreckte Gesellschaft ständig von der Anarchie der Gesetzesverächter bedroht wurde, moderne Ideen suspekt waren, und nur die zähen Individualisten Erfolgschancen hatten (ein amerikanischer Missionar in Papua-Neuguinea hat mir diesen Entstehungszusammenhang seiner ‚Glaubensmission' nicht ohne Stolz erklärt). Doch die Kulturen des Pazifik stellen geradezu das Gegenteil von Individualismus dar. Selbst der Methodismus, der die persönliche Erfahrung sehr betont, ist in polynesischen Ländern wie Tonga und weitgehend auch in Fidschi zur kommunalen Religion der Dörfer und des Volkes geworden. Die von den fundamentalistischen Gruppen angebotene ‚Sofort-Identität' ist das Ergebnis einer Art Kurzschluß in der Auseinandersetzung mit der großen, fremden, globalen Zivilisation, die so viel verspricht und dennoch so bedrohlich ist. Sie ist eine rettende Arche des Noah, die den einzelnen von der Überflutung durch Nationalismus, Pluralismus, Geldwirtschaft und Verstädterung fernhält.

Gleichzeitig muß man aber festhalten, daß die Teile der Lehre der sogenannten ‚Sekten', die nicht notwendig mit ihrem Fundamentalismus zusammenhängen, in der Tat den Pazifik-Insulanern viele Möglichkeiten bieten, selber zur neuen Identität beizutragen, die christlich und dennoch ihre eigene ist. An dieser Stelle sind die etablierten Hauptkirchen verwundbar. In einem gewissen Sinne tun sie alles richtig: Sie arbeiten ökumenisch zusammen; sie versuchen, zu den dringendsten Fragen wie Umweltschutz, Entwicklung, Unabhängigkeit Stellung zu nehmen; sie geben sich viel Mühe, ihre Pastoren theologisch auszubilden und wirksam einzusetzen. Doch in einem nur schwer feststellbaren Ausmaß agieren sie an den wirklichen Bedürfnissen der Menschen vorbei (die Evangelisch-Lutherische Kirche in Papua-Neuguinea hat sich diesen Fragen aus Anlaß ihres hundertjährigen Bestehens 1986 auf exemplarische Weise gestellt; siehe die Seminarberichte von Schwarz, 1986 b). Bei näherem Hinsehen teilen diese Kirchen viele Voraussetzungen der Sektierer: Auch sie haben große Vorbehalte gegenüber den gängigen Schlagwörtern ‚Einheimischmachung', ‚Kontextualisierung', ‚Befreiung'; auch sie konzentrieren sich gern auf die geistliche Betreuung einzelner Seelen; und obwohl sie die Verpflichtung verspüren, in sozialen und politischen Fragen irgendwie richtungsweisend zu sein, fällt ihnen diese Rolle unter den Bedingungen des säkularen und pluralistischen Staates zunehmend schwerer.

Über eine weitverzweigte Ursachenkette, die hier nicht im einzelnen erläutert werden kann (siehe dazu May, 1986 c: 14–19), geht diese unerfreuliche Situation der christlichen Kirchen und Sekten im Pazifik auf die Reformationszeit selber zurück. Die mittelalterliche Christenheit hat Europa unter anderem einen weithin anerkannten und gesellschaftlich wirksamen ethischen Konsens gegeben. Doch das Aufkommen neuer Spielarten des Kapitalismus im Zusammenhang mit der Entdeckung neuer Kontinente mit ganz anderen Kulturen hat diesen Konsens aufgelöst. Die Katholiken haben sich auf eine nicht nur gegenreformatorische, sondern anti-moderne Haltung zurückgezogen; Calvin und die Puritaner haben die evangelische Berechtigung der neuen Techniken des Geschäfts und des Geldverkehrs erkannt. Doch die Aufgabe, eine soziale, für die ganze Gesellschaft verbindliche Ethik aus christlichen Quellen zu formulieren, wurde nicht mehr wahrgenommen. Ein Ergebnis davon ist, daß heute katholische Sozialverkündigung und evangelische Sozialethik der gegenseitigen Ergänzung bedürfen, während die Aufgabe, sozialen Mißständen durch Kausalanalyse auf den Grund zu gehen, weitgehend den Marxisten überlassen wurde. So sehen wir immer und immer wieder in der neueren Missionsgeschichte das traurige Schauspiel kirchlicher Komplizenschaft in der Aufrechterhaltung kolonialer Ordnungen, während die Speerspitze der Befreiung und der Unabhängigkeit, wie in China, Birma und Vietnam, von Sozialisten oder Kommunisten gebildet wurde – oder zumindest von solchen, wie Nasser in Ägypten, Sukarno in Indonesien oder Gandhi in Indien, die Anleihen beim

Sozialismus machten. Der Pazifik ist zwar von den schlimmsten Auswirkungen dieser Befreiungskämpfe verschont worden; doch eben deswegen fehlt weitgehend eine Tradition, die die oft sehr lebendige kirchliche ‚Basis' in die Entscheidungsprozesse auf nationaler und überregionaler Ebene einbezogen hätte (für eine Fallstudie siehe May, 1986 a). Diese Defizite sind besonders bedauerlich in einer Zeit, in der die sozialistischen Staaten der ‚zweiten Welt' von vielversprechenden Umwälzungen erschüttert werden.

Die Hilflosigkeit der Kirchen in einer solchen Situation wird am Beispiel der vom evangelikalen Hintergrund herkommenden parakirchlichen Hilfsorganisationen „World Vision" deutlich. Mir ist es sehr schwer gefallen, den wohlmeinenden Mitarbeitern dieser Organisation klarzumachen, daß die Art und Weise, wie sie ihre Entwicklungsprojekte einrichten und finanzieren, den Kirchen qualifizierte Fachleute abwerben und in westlichen Ländern mit der propagandistischen Ausnutzung unterprivilegierter Kinder werben, der ökumenischen Zusammenarbeit der Kirchen im Pazifik die Grundlage entzieht (siehe May, 1987 b). Diese schwer zu fassende ‚Art und Weise' hängt eng mit der konservativ-evangelikalen Orientierung zur Rettung einzelner und der Abneigung gegen Strukturanalysen der Ursachen von Ungerechtigkeit zusammen. Weil World Vision andererseits hohe Gehälter, kräftige Finanzspritzen und häufige Konferenz- und Dienstreisen anbieten kann und zugleich eine irgendwie vertraute evangelikale Frömmigkeit an den Tag legt, ist es nicht leicht, eine Grundsatzdebatte mit Führungspersönlichkeiten der Großkirchen über die weiteren Implikationen und nicht zuletzt die politische Dimension dieses Vorgehens einzuleiten.

Die politische Dimension des Fundamentalismus im Pazifik gibt nämlich zu immer größerer Sorge Anlaß. Diese ist mit einem Schlag am zweifachen Staatsstreik des Armeeoffiziers Sitiveni Rabuka (14. Mai und 25. September 1987) auf Fidschi deutlich geworden. Zwar ist die methodistische Kirche Fidschis, deren prominentes Mitglied er ist, keineswegs als fundamentalistisch zu bezeichnen, sondern als eine fest etablierte Volkskirche mit einer langen Geschichte des ökumenischen Engagements. Doch das Zusammenspiel der komplizierten Allianzen und Rivalitäten der nach polynesischem Muster erblichen und adeligen Stammeshäuptlinge mit der methodistischen Kirche hat dazu geführt, daß die Angst der leicht in die Minderheit gedrängten ethnischen Fidschianer vor dem politischen Sieg einer Koalition, in der Inder stark vertreten waren, von Rabuka und einigen rechtsstehenden

Kirchenleuten zur Rechtfertigung des Putsches als einer Tat Gottes mißbraucht wurde (siehe die wertvolle Analyse durch Garrett, 1988). Die Kirchenführung und die ökumenischen Gremien haben sich gegen diese Interpretation gewehrt, doch es ist unverkennbar, daß jede Grundlage einer christlichen Auseinandersetzung mit dem gesellschaftlichen Pluralismus, ob politisch oder religiös, gefehlt haben muß (ein Augenzeuge hat mir berichtet, daß die früher eher als höflich und formalistisch zu bezeichnenden Beziehungen der ökumenisch aufgeschlossenen Christen mit den Hindus und Muslims der indischen Volksgemeinschaft nun auf einmal belebt werden). Die politische Naivität vieler Kirchen im Pazifik ist auf die mangelhafte theologische Auseinandersetzung mit den unterschiedlichen konfessionellen Traditionen und den eigenen Kulturen zurückzuführen.

Schluß: Zwischen Sektierertum und Säkularismus im Pazifik

Entwicklungsprozesse haben immer mit den sozialen Grundlagen des Lebenssinns für diejenigen zu tun, die von ihnen unmittelbar betroffen werden. Die Völker des Pazifiks sind von fremdartigen, ihnen von außen aufgenötigten Entwicklungen derart überrollt worden, daß für viele ein ‚Sinnvakuum' entstanden ist, das immer noch nicht gefüllt wird. Der Soziologe Bryan Wilson, der den Versuch unternommen hat, neue religiöse Bewegungen auf Weltebene sozialwissenschaftlich zu analysieren, redet vom „Aufkommen neuer Kulte" als Konsequenz des „Niedergangs alter Glaubensweisen" (Wilson, 1976: 84). Die Hauptkirchen des christlichen Westens, die dieses Urteil genauso trifft, teilen diese Situation im Pazifik mit den einheimischen Traditionen des Glaubens an die Macht der Geister und der Ahnen. Selbst in dieser Weltregion, deren Kulturen von Religion durchtränkt waren und mit einer Gründlichkeit evangelisiert worden sind, die ihresgleichen sucht, etabliert sich nach und nach der Säkularismus als Ideologie der a-moralischen Technokraten, die in der Politik wie in der Geschäftswelt und der Wissenschaft zunehmend das Sagen haben. Eine Alternative für diejenigen, deren moralischer Anspruch und christlicher Impuls sie zur entschiedenen Ablehnung des Säkularismus bewegen, bieten die Sekten an. Sie sind keineswegs eine Arme-Leute-Religion, obwohl sie auch bei den Armen Zuspruch finden. Sie ziehen Leute aus allen Gesellschaftsschichten an, weil sie mindestens einen Ausschnitt des Lebens als sinnvoll und ‚ganz' erscheinen lassen. Sektierertum oder Säkuralismus: ist das wirklich die Alternative?

An diesem Punkt fließt alles zusammen, was ich in diesem Buch im Überblick darzustellen versuchte. Die Missionskirchen, die den pazifischen Raum auf bewundernswerte Weise erschlossen haben, waren viel zu lange mit sich selbst und ihren aus Europa hergeleiteten Rivalitäten beschäftigt, als daß sie frühzeitig die spezifisch religiöse Herausforderung der Pazifik-Kulturen hätten aufnehmen und theologisch aufarbeiten können. Folglich muß vieles noch nachgearbeitet werden, während wir längst mitten in der Auseinandersetzung mit der globalen, kulturneutralen, technokratischen Zivilisation der Moderne stehen. Die urzeitlichen Anrechte des Stammlandes und des Stammlebens melden sich und werden plötzlich nicht nur als politische, sondern als religiöse Anliegen erkannt. Die Erklärungskraft der weltlichen Erziehung wie auch der christlichen Predigt überzeugt nicht, und neuartige Kulte, ob einheimisch oder christlich-fundamentalistisch, versprechen neue Antworten auf die uralten Fragen nach den Quellen wahren, allumfassenden Lebens zu geben. Die von Außenstehenden konzipierte ‚Entwicklung' wird zugleich ersehnt und abgelehnt, und die Aussicht auf kulturellen und religiösen Pluralismus innerhalb politischer Strukturen, die über Stamm und Nation hinausgreifen, treibt viele zurück in die vertraute Gemeinschaft des eigenen Volkes.

Wie die Kirchen als Institutionen und in ihren ökumenischen Gremien auf diese Herausforderungen antworten, ist zwar wichtig, aber letztlich sekundär. Viel wichtiger ist, daß die Völker des Pazifik, auf eigene Weise und in der eigenen Zeit, sich Christus aneignen, sich auf ihn einlassen als den neuen Menschen, der eigens zu ihnen gekommen ist, um ihnen eine neue Welt, eine neue Möglichkeit des Lebens in der Schöpfung und in der Gemeinschaft aller Menschen zu erschließen. Daß dieser Aneignungsprozeß bisher kaum literarischen Niederschlag gefunden hat, ist sekundär. Er verläuft untergründig, im Schoß des Dorfes und des Armenviertels; seine Ergebnisse werden nur in seltenen Ausnahmefällen Ausländern anvertraut; doch er ist unaufhaltsam, und wenn wir, die wir im Pazifik leben oder in seinen Bann geschlagen worden sind, geduldig hinhören und einfühlsam den zögernd angebotenen Dialog aufnehmen, werden wir reichlich beschenkt.

Doch welcher Christus nimmt da Gestalt an? Können wir ihn überhaupt erkennen? In welch unerwarteter Weise gießt er seinen Geist über diese Menschen aus? Wer zeigt uns die Fußstapfen, die sein Gott schon längst vor seiner Ankunft im Pazifik hinterlassen hat?

Diesen Fragen wollen wir uns in dem abschließenden Versuch widmen, die in einem primären Sinne ökumenische Vision des neuen Pazifik theologisch einzufangen.

9. Christus Initiator. Grundrisse pazifischer Theologie

Mein Hauptanliegen in diesem Buch ist es gewesen, die Bedingungen ökumenischer Kommunikation zwischen den verschiedenen pazifischen Kontexten und den anderen Zentren theologischen Schaffens herauszuarbeiten. Für die unverwechselbare kulturelle Verwurzelung und Kontextualität dieser Ansätze weiß ich mich als weißer Australier weniger zuständig. Dennoch möchte ich in diesem abschließenden Kapitel dazu übergehen, statt ,objektiv' die verstreuten Hinweise und Ansätze der ,Theologie im Pazifik' aufzusammeln, nun ,subjektiv', in eigener Person die Synthese wagend, von der ,pazifischen Theologie' zu reden. Dabei bin ich mir bewußt, daß diese erst im Entstehen begriffen ist und daß es möglicherweise zu früh ist, systematische Entwürfe zu versuchen. Doch ich bin letztlich nicht Beobachter, sondern Beteiligter, und auch auf das Risiko eines Fehlschlags hin fühle ich mich genötigt, die Grundrisse der theologischen Anfänge im Pazifik festzumachen.

Im langen Anlaufweg zu diesem Punkt, an dem die Zusammenschau möglich erscheint, wird es hinreichend klar geworden sein, daß ein solches Unternehmen nicht einfach durch Literaturverarbeitung zu erledigen ist, obschon ich mich bemühe, möglichst viele Stimmen pazifischer Theologen hören zu lassen. In einer Art und Weise, die der Entstehung der christlichen Theologie aus den biblischen Grundlagen durchaus analog ist, ereignet sich Theologie im Pazifik im Lebensvollzug der dort ansässigen Gemeinschaften, im Prozeß der Anpassung an die neue Zeit, die vorwiegend auf die Zukunft und auf den unermeßlichen pazifischen Horizont gerichtet ist. Die theologischen Kategorien, mit denen man in den ,klassischen' Kontexten des Westens zu arbeiten gewöhnt ist, treten sozusagen aus den Seiten der Lehrbücher heraus und finden sich in den mythischen Vorstellungen und rituellen Handlungen der Stammesgemeinschaften wieder. Dies geschieht in einem ständigen Dialog mit dem größeren Kontext, den die Ankunft der Weißen und die Verkündigung des Evangeliums erschlossen hat. Die pazifische Theologie wird zugleich „neu, alt und zeitlos" sein, wie der Titel des ersten Versuchs (durch meinen früheren Lehrer Martin

Wilson, 1979), die Theologie der australischen Ureinwohner christlich zu deuten, prophetisch lautet.

Im Hebräerbrief (12,2) wird Christus der „Urheber und Vollender des Glaubens" genannt. In dieser prägnanten Kennzeichnung ist eine Theologie angelegt, die den Bedürfnissen der Menschen im Pazifik nach dem dringend notwendigen Neuanfang, der geeigneten Initiation in die neue Zeit, entsprechen dürfte. Hier begegnen sich Gottes Initiative in Offenbarung und Erlösung und die Initiativen der Ureinwohner und Insulaner, durch die ‚sozialen Experimente' vorchristlicher Anpassungsbewegungen, Kulte und Proteste sowie durch die versuchte Einheimischwerdung und Kontextualisierung christlicher Gemeinden dem allseits drohenden Tod zu entrinnen und die Fülle des Lebens in der Gemeinschaft zu finden. Doch wer führt sie an auf diesem neuen Exodus? Die Zukunft des Christentums im Pazifik hängt davon ab, ob Christus als die Antwort auf diese Frage akzeptiert werden kann. Die allerersten Zeugnisse des Glaubens im Pazifik scheinen zu zeigen, daß viele Menschen dies dort von Anfang an getan haben. Doch die Aneignung der christlichen Symbole im Handlungs- und Sinnkonsens der Gesellschaften, die die Grundlage theologischer Reflexion bildet, hat Stadien durchlaufen, die mit der gebotenen Vorsicht sowohl historisch als auch systematisch auseinandergehalten werden können. Erschien als erste Reaktion auf die Ankunft der Weißen der Versuch der sogenannten Cargo-Kulte, die endgültige Bescherung der Güter des Lebens herbeizuzwingen (9.1), so folgte rasch darauf und hält bis heute der Versuch an, im Geiste (ob des Gottes Jesu Christi oder der Ahnen, bleibe vorerst dahingestellt) die schwer angeschlagene Identität und Integrität wiederherzustellen (9.2). Es ist jedoch im Geschick Jesu und in der Narrativität des Neuen Testaments angelegt, daß erst der Nachvollzug des Kreuzestodes zum spezifisch christlichen Auferstehungsglauben führt, und obwohl unzählige Christen im Pazifik auch dies bereits auf exemplarische Weise erfahren haben, kommen erst neuerdings Ansätze zu einer ‚Christologie' im Sinne der europäischen Theologie zum Vorschein (9.3). Es wird vor allem an der Ausarbeitung dieser ‚pazifischen Christologie' liegen, ob die sich faktisch einstellende Ökumene der Völker, Kulturen und Religionen im Pazifik hinreichend theologisch, und zwar im Sinne dieser Ausführungen ‚integral-ökumenisch', verarbeitet werden kann.

9.1 Der Vorgriff auf das Ende (pazifische Eschatologie)

Entgegen der Absicht der ersten Pazifik-Missionare – die im Gegensatz zu den stark adventistisch geprägten Endzeit-Predigern von heute die im 19. Jahrhundert übliche solide theologische Ausbildung erhalten hatten (siehe die Profilierung bei Ahrens, 1986: 94 – 98) – ist es nicht so sehr die Katechese von der Schöpfung der Welt durch einen gütigen Gott, nicht einmal die bewegende Lehre vom erlösenden Kreuzestod Christi, sondern die jüdisch-christliche Eschatologie, die durchschlug. Zumal für die in sich selbst gekehrten und kaum hierarchisch strukturierten Stammesgesellschaften Melanesiens war diese Konzeption einer Zukunft, die gänzlich anders sein könnte als die sich immer reproduzierende Gegenwart, aber endgültig in Gottes Hand liegt, von der Kultur her unvorstellbar. Die missionarische Predigt, die, sofern sie biblisch begründet war, dieses eschatologische Element wie von selbst enthielt, schien dadurch die Erklärung für das Urphänomen der Ankunft der Weißen überhaupt mitzuliefern (vgl. Ahrens, 1986: 99 – 106).

Die Prozesse, durch die die biblischen Bilder und Symbole – Schlüssel, Tor, Weg, heiliger Berg, Auferstehung der Toten, himmlische Stadt, Ankunft Christi auf den Wolken, neuer Himmel und neue Erde – sich mit den einheimischen Mythen von wiederkehrenden Kulturheroen und Ahnen vermählten, müssen noch eingehender untersucht werden (viele Ansätze dazu findet man bei Flannery, Hrsg., 1983 – 84). Daß die Menschen mehr als bloß ihre Desorientierung und ihre Frustration, ihren Protest und ihr Verlangen nach Anerkennung in den Kultbewegungen zum Ausdruck brachten, darf als ausgemacht gelten. Nach der von John Strelan (1977) erstmals versuchten biblisch-theologischen Deutung der Phänomene gingen die Kulte auch über Vorstadien politischer Betätigung oder das Experimentieren mit der Geldwirtschaft hinaus: Die ihnen unzugängliche Ware (cargo) der Weißen wurde ihnen nicht nur zum unmittelbaren Gegenstand des Begehrens, sondern zum Symbol für ein allumfassendes und durchaus biblisch zu verstehendes ‚Heil'.

Das theologisch Bedeutsame an dieser wahrhaften Revolution in der Vorstellungswelt der Stammesvölker dürfte sein, daß die Aussicht auf ein mögliches Ende der Zeit, bei dem die mythischen Visionen verwirklicht werden sollten, zum gesamtgesellschaftlichen Handeln und in die im eigentlichen Sinne ‚historische' Entscheidung zwang. Man betrat eine ‚liminale' Zeit des Übergangs (Victor Turner), die von den „rites de passage“ der traditionellen Initiation vertraut war, nunmehr jedoch in einer bisher ungeahnten, geradezu ‚transzendenten‘ Dimension: Die Bestellung der Gärten hörte auf, Schweine wurden geschlachtet wie für ein Fest, die geltende Sexualmoral und die Verwandtschaftsregeln wurden auf den Kopf gestellt, bezahlte Arbeit im westlichen Sektor wurde niedergelegt. Doch dies alles geschah nicht mehr im Rahmen immer wiederkehrender Riten, sondern ein für alle Mal, endgültig, eben in Erwartung einer definitiven Realisierung allumfassenden Heils. Das war neu. Das war ein Vorexerzieren des ganzen Ernstes der christlichen Verheißung, wie es den verblüfften Missionaren – wenn überhaupt – nur von den Sekten des europäischen Mittelalters oder der neutestamentlichen Apokalyptik her bekannt war.

Sosehr die Kulte – dank dem Widerstand der Kirchen und den Disziplinarmaßnahmen der Regierung – an der Oberfläche des öffentlichen Bewußtseins verpönt und als heidnische Irrwege abgetan werden, so haben sie doch in den Dörfern und nicht zuletzt in vielen christlichen Gemeinden der betroffenen Gebiete tiefe Spuren hinterlassen. Das ergreifende Lied des Mileng aus Marup auf der Karkar-Insel, Schauplatz heftiger Auseinandersetzungen mit Cargo-Kulten, bezeugt, wie schmerzhaft der innere Kampf gewesen sein muß:

Gib acht! Die schöne Blume hat auch Dornen;
Ihr Stich tut weh, Dein Blut wird fließen;
Also greif nicht zu!

Laß Dein Auge sie nicht begehren!
Diese Blume ist wirklich süß, doch rasend auch;
Ihren Dorn wirst Du nie entfernen.

Diese Blume reiß' ich heraus, ich werf' sie in den Dschungel!
Möge sie dort verfaulen; zwar süß,
doch böse auch.

(Nach einer Übersetzung durch Rufus Pech bei May, Hrsg., 1985: 11)

Melanesische und andere pazifische Christen, auch Theologen wie Apea (1985) und Havea (1977; 1985) versichern uns wiederholt, daß die christliche Schöpfungslehre, deren Verkündigung die Missionare so viele Mühe widmeten, für sie im Grunde nichts Neues war. Dies wird durch ihre traditionellen Gebete bestätigt, die nicht nur die Sonne und die Geister, sondern öfter den ‚großen Vater‘, den ‚großen Mann‘ und ‚Gott‘ unter verschiedenen einheimischen Namen um Beistand, Erfolg, Schutz vor dem Bösen und die Vermehrung des Lebens anrufen (siehe die Auswahl aus der Sammlung von Theodoor Aerts bei May, Hrsg., 1985: 3–8). Es war die Aussicht, daß im Zusammenhang mit der Ankunft der Weißen und dem Anbruch der neuen Zeit – ja der ‚historischen' Zeit überhaupt – die Fürsorge der Götter und Geister in ein neues, endgültiges Stadium treten könnte, die den Kulten ihre verhängnisvolle Anziehungskraft verlieh. Was in Melanesien mit manchmal erschreckender Deutlichkeit zutage trat, war in vielen anderen Pazifik-Kulturen ebenfalls angelegt und entbehrt nicht einer bleibenden Relevanz auch für Christen europäischer und asiatischer Kultur. Der Anfang des Glaubens war ein seismisches, die jahrtausendealten Grundfesten traditioneller Kulturen erschütterndes Ereignis.

Um dieses Urereignis angemessen theologisch zu verarbeiten, bedarf es jedoch eines weiter entwickelten theologischen Diskurses. Daß ein solcher allmählich entsteht, werden wir in den nächsten Abschnitten sehen.

9.2 Die Anrufung des Geistes (pazifische Pneumatologie)

Ein neuguineanischer Anhänger der Pfingstbewegung versicherte mir einmal, im Pazifik breite sich diese aus „wie eine Revolution". Während Pfingstkirchen meist amerikanischer Provenienz um die Gunst der bereits christianisierten Bevölkerungen der Pazifik-Staaten ungehemmt buhlen, beanspruchen auch innerhalb mancher Großkirchen charismatische Phänomene die Aufmerksamkeit der Kirchenführer. Das ‚Zeitalter des Heiligen Geistes' scheint angebrochen zu sein (vgl. Barr, John, 1984).

Doch nur die manchmal zögernde, manchmal begeisterte Akzeptanz dieser Phänomene in kirchlichen Kreisen ist neu; sie selbst, wie Ahrens mit Recht gegen John Barr aufrechthält, blicken im melanesischen Raum auf eine Vorgeschichte von über 60 Jahren zurück (vgl. Ahrens, 1986; 139 ff.; Barr, John, 1983 a; 1983 b). Seit Jahrzehnten haben melanesische Gemeinden unterschiedlichster Art ‚prophetische' Gestalten hervorgebracht, die sich zwar zum Teil auf traditionelle schamanistische Erscheinungen zurückführen lassen, in manchen Fällen jedoch sich ausdrücklich auf den Heiligen Geist der Christen berufen (vgl. Trompf, Hrsg., 1977; Loeliger/Trompf, Hrsg., 1985). Vor allem unter den Lutheranern im Hinterland der Huon-Halbinsel und im Gebiet um Madang kam es zu Reinigungs- und Erneuerungsbewegungen wie Eamasang oder Kukuaik, die, obwohl sie ‚cargoistische'

Wurzeln gehabt haben dürften, zumindest auf ihrem Höhepunkt ausdrücklich christlich-charismatisch waren. Die Auseinandersetzung unter Kennern dieser Bewegungen dauert noch an. Die Frage hierbei ist, ob es sich um eine Aufeinanderfolge der klar zu unterscheidenden Typen ‚Cargo-Kult' und ‚Heilig-Geist-Bewegung' handelt, oder ob es Bewegungen schon gibt, die die Synthese der beiden Typen darstellen (so enthält die „Bilip Grup" von Garaina in der Morobe-Provinz von Papua-Neuguinea das , cargoistische' Element, durch starken Glauben [bilip] „wissenschaftliches Wissen" herbeizwingen zu wollen, doch nach der Trennung von der Evangelisch-Lutherischen Kirche ist sie zur „Papua New Guinea Renewed Life Church" und damit zu einer der ersten unabhängigen Pfingstkirchen des Landes geworden, vgl. Flannery, 1984).

Kirchen, die durch Heilungen, Zungenreden, Identifizierung und Reinigung von Sündern intensiv erfahrbare ‚Erweise der Macht' (paua) bringen können, haben im Pazifik eine starke Ausgangsposition. Es läßt sich auch nicht leugnen, daß die Heilig-Geist-Bewegungen zahllosen Kirchengemeinden und Dorfgemeinschaften einen starken Zusammenhalt zurückgegeben haben, der eine neue Integrität sowie eine neue Offenheit gegenüber den Einwirkungen der Moderne mit sich bringt (siehe das Gespräch mit dem zu einer Pfingstkirche bekehrten Anthropologen Andrew Strathern bei Ahrens, 1986: 229–262). Viel eher als die abstrakten Postulate der ökumenischen Bewegung oder die als fremd anmutenden Thesen der Befreiungstheologie spiegeln sie die wirkliche ‚Volksbewegung' im Pazifik wider.

Diese Bewegungen regen nicht nur zu neuem theologischen Denken an (siehe die Arbeiten von Simeon Namunu, 1983, 1984, 1987, über „Den Geist und die Geister" und die Überlegungen des australischen Ureinwohners Djinyini Gondarra, 1986: 1–12), sondern sie greifen auf die bereitliegenden Zeugnisse früherer Generationen von Kult- bzw. Kirchenführern zurück. In der Nacherzählung der Heilsgeschichte durch Paliau Maloat, den Anführer des „Makasol Kastam Kansol" auf der Manus-Insel nördlich von Papua-Neuguinea, gibt es mehrere ‚Heilige Geister' bei Gott, dem Schöpfer ‚Wing'. Aus diesen wird ‚Wang' (Jesus) erwählt, den Rebellen ‚Lait San' (Lucifer/Satan) zu besiegen, während ein anderer, ‚Wong', die Schöpfung beseelt:

> Jetzt war alles bereit für „Wang Jesus", den ersten „Wong" – den Heiligen Geist – vom Himmel herabzuschicken, damit er seine erste Wohnung bei Adam und Eva nehme. (Text bei May, Hrsg., 1985: 33)

Der vertriebene ‚Lait San' schleicht sich auch bei den ersten Menschen ein, so daß ‚Wang' den gleichen Weg in die ‚Dritte Region' des irdischen Daseins nehmen muß – wie es heißt, aus „Mitleid" mit dem leidenden ‚Wong' (38) –, um vor allem durch seine Geburt von der Frau Maria die ursprüngliche Schöpfungsordnung des ‚Wing' wiederherzustellen:

> Alle erneuerten Männer und Frauen hier unten müssen nunmehr Fleisch werden in den Mutterleibern aller Frauen. ... Jesus ist Fleisch geworden im Mutterleib seiner Mutter Maria und ist aus ihr geboren worden; dadurch offenbart er zum ersten Mal, daß alle Frauen der Dritten Region die Mütter aller Heiligen Geister sind, die in die Dunkelheit ihrer Mutterleiber eintreten. (40)

Es handelt sich also – klassisch-theologisch gesprochen – um eine ‚gnostische' Schöpfungs- und Erlösungslehre, die eine Pluralität von ‚Heiligen Geistern' vorsieht, aus der Wang, „der Ahnherr von uns allen" (31), hervorgeht (siehe auch den Bericht aus erster Hand von Paliaus Stammesgenossen Pokawin, 1983).

Das Glaubensbekenntnis Paliaus ist ein recht seltener Fall, weil es das echt melanesische Denken, das vielen, auch kirchlich geduldeten Bewegungen zugrundeliegen dürfte, offen zutage fördert und auch noch schriftlich festlegt. Ein anderer gut dokumentierter Fall ist die durch Esau Tuza (1977; 1985; 1987) formulierte Theologie des ‚Heiligen Mama' bei Silas Eto, dem Gründer der „Christian Fellowship Church" auf den Salomon-Inseln. Aufgrund einer ekstatischen Erfahrung der Eingießung des Heiligen Geistes wurde der Methodistenpfarrer Eto in den Augen seiner Anhänger zum ‚Heiligen Mama', d. h. zum ‚Gefäß der Gottheit' auf Erden im Sinne der Inkarnationslehre:

> Erstens, nach der ekstatischen Erfahrung wird das ‚Neue Leben' gleichgesetzt mit dem Leben Christi, von dem gesagt wird, es sei im Heiligen Mama ‚inkarniert'. ... Zweitens, der Heilige Mama ist zugleich Mensch und Gott. (Tuza, 1987: 82)

Erst in der Gestalt des in der Person Etos gegenwärtigen Heiligen Mama wurden – im bewußten Unterschied zum methodistischen Gottesdienst – den Dorfbewohnern Erfahrungen des Geistes in christlichen Kirchengebäuden zuteil, so wie sie früher an ihren eigenen heiligen Stätten die Geister der Ahnen erfahren konnten. Tuza findet den Schlüssel zu Etos Frühentwicklung in der Suche nach einer wirklich angemessenen christlichen Kunst und Liturgie. Der Gottesdienst seiner

Kirche sieht vor, daß „Vater, Sohn, Heiliger Geist, Heiliger Mama“ in gleicher Weise verehrt werden (Text bei Tuza, 1987: 87).

An den zwei Beispielen Paliau Maloat und Silas Eto sehen wir das ganze Dilemma wirklich ‚einheimischer‘ Theologie: ‚Echt melanesisch‘ und ‚nicht orthodox‘ scheinen dicht beieinander zu liegen. Nun hat sich der Heilige Geist im Laufe der Kirchengeschichte selten gescheut, auf der Seite der ‚Häretiker‘ zu stehen. So wahr es ist, daß die meisten Missionare, die zur Zeit im Pazifik das Pfingstlertum verbreiten, selber Fundamentalisten und daher wenig geneigt sind, sich auf die einheimischen Kulturen wirklich einzulassen, so sehr finden die Melanesier und auch andere Pazifik-Völker bei den charismatischen Phänomenen Anklänge an ihre traditionelle religiöse Erfahrung, die sie in den Gottesdiensten und Gemeinden der Großkirchen ebenso offenkundig vermissen. Die Heilig-Geist-Bewegungen, selbst wenn sie sich nicht in Kulte zurückverwandeln oder zu unabhängigen Kirchen werden, bilden die zur Zeit vielversprechendste Quelle originärer theologischer Reflexion im Pazifik. Sie wird allerdings auf lange Zeit eine Reflexion sein, die sich eher in der stürmischen Entwicklung religiöser Gemeinschaften als in der Stille theologischer Bibliotheken entfaltet. Soll sie jedoch als ökumenisch kommunizierbare theologische Reflexion Bestand haben, muß sie sich nicht nur im Medium biblischer Sprache ausdrücken, sondern auch auf einer erkennbar christologischen Grundlage stehen. Daß auch diese Entwicklungen im Gang sind, wird der letzte Abschnitt zeigen.

9.3 Die Aneignung des Christus (pazifische Christologie)

In der verwickelten Geschichte der melanesischen Kultbewegungen ist es mehr als einmal vorgekommen, daß ein Kultführer wie Yali an der Rai-Küste südlich von Madang nicht nur zum ‚König‘, sondern zum ‚Messias‘, also zur Jesus-Figur ausgerufen wurde, und es ist gelegentlich sogar zu Menschenopfern nach dem Muster des Erlösertods Jesu gekommen (dazu Ahrens, 1986: 77, 79, 84). Die Schwarzen sollten ihre ureigene Auferstehung erleben, denn ihr Schwarzsein war ihnen zum Symbol ihrer ontologischen Minderwertigkeit geworden. Die Gestalt Jesu, zumal des erhöhten Christus, hat also von Anfang an nicht nur fasziniert, sondern die Aussicht auf wirksame Führung, auf Zugang zur wirklichen Macht, eben auf ‚Initiation‘ geboten. Die damit gestellte Frage hat Theo Ahrens auf den Begriff gebracht: Ist der in diesen Identifizierungsversuchen gemeinte Christus ein „neuer Kulturheroe“, eine Art Über-Ahn, der einen der neuen Zeit angemessenen „neuen Lebensstil“ einführt, oder ist er der „Anfänger des Glaubens“ im Sinne des Hebräerbriefs (12,2) (Ahrens, 1986: 128–134)? Wenn letzteres zutrifft, was bedeutet das für die Verwurzelung christlichen Glaubens im Mutterboden der Pazifik-Kulturen? Muß der Anfang des Glaubens abrupt und absolut sein, oder ist er bei näherem Hinsehen der Neuanfang dessen, was bereits da war?

Es gibt im Pazifik schon beachtliche Versuche, über diese Fragen nachzudenken. So haben Ennio Mantovani und Mary MacDonald einen Entwurf vorgelegt, in dem Christus als „Leben Papua-Neuguineas“ hervortritt, indem er die in der ‚biokosmischen Religion‘ Melanesiens angelegten Elemente der Erneuerung des Lebens in seiner Erlösertat endgültig erfüllt (Mantovani/MacDonald, 1983). Penuel Ben Idusulia, ein evangelikaler Theologe von den Salomon-Inseln, hat die Opfer-Tradition seines Toabaita-Volkes im Rahmen der Theologie des Hebräerbriefes zu deuten versucht (Idusulia, 1985; siehe auch Fugui, 1986, und die Reflexion über ‚Priestertum‘ des Insulaners der Torres-Straße zwischen Nordaustralien und Papua, Dave Passi, 1987). Doch an diesen Entwürfen haftet noch etwas allzu Konstruiertes, Gezwungenes, von feststehenden theologischen Prinzipien Abgeleitetes.

Vor mehr als zehn Jahren hat der inzwischen gestorbene Theologe der United Church von Papua-Neuguinea und den Salomon-Inseln, Joe Gaqurae, das Bild eines ‚melanesischen Christus‘ entworfen (Gaqurae, 1977 = 1985). Er machte sich keine Illusionen darüber, daß das Christentum im Pazifik eine ‚Religion der Weißen‘ sei. Vielmehr müsse es sich anschicken, ‚Einheimischwerden‘ im Sinne der Inkarnationslehre zu begreifen: „Das theologische Verständnis der Einheimischwerdung (indigenisation) basiert auf der christlichen Lehre von der Menschwerdung (incarnation)“ (Gaqurae, 1985: 208). Die Kirche müsse sich „aller entbehrlichen Elemente des westlichen Erbes entledigen und ihr Zelt in Melanesien aufschlagen“ (210). In den Augen der Dorfleute sei Christus der Ahn der Weißen; in den Worten eines Dorfältesten: „Der Grund dafür, daß die Weißen sehr klug und reich sind, ist der, daß Jesus, ihr Ahnherr, der klügste Mensch war, der je auf diesem Planeten gelebt hat“ (211).

Unbeirrt von der gerade bei Evangelikalen häufig gehörten Feststellung, Christus sei ‚suprakulturell‘, bezeichnet Gaqurae dieses verzerrte Bild eines ausschließlich und notwendig weißen Christus als Häresie (213). „Nicht die Theologie ist universal, sondern das

Evangelium. Die Theologie ist die lokale Interpretation des universalen Evangeliums" (212–13). Im zentral wichtigen Bereich der zwischenmenschlichen Beziehungen dürfe sich der Melanesier Christus als den Stammesgenossen vorstellen, denn sonst könne er für ihn nicht ‚wirklich' sein; dies heiße auch keineswegs, daß Christus dadurch weniger universal werde:

> Man mag die Gefahr darin sehen, daß Christus zu jedwedem Melanesier wird. Dies kann passieren, aber es ist nicht unausweichlich. Die Tatsache, daß er Jude war, heißt nicht, daß er jeder Jude ist. Er wurde zu einem einzelnen Juden – zum idealen Juden, anders, weil er die wahre Gottesnatur in seiner menschlichen Gestalt besaß. Deshalb meinen wir nicht, wenn wir sagen, er sei Melanesier, daß er jeder einzelne Melanesier sei. Er ist ein anderer Melanesier – der ideale Melanesier. Der melanesische Christus. Das Ideal (216).

Gott war schon lange vor den Missionaren da:

> Deshalb glauben sie (die melanesischen Christen), daß Christus war, ist und sein wird in Melanesien. Er ist der Christus Melanesiens, weil die melanesische Welt durch ihn und für ihn geschaffen wurde (217)

Neben der Konzentriertheit von Gaquraes Aufsatz muten andere Entwürfe – etwa die ‚Kokusnuß-Theologie' des Sione Havea (1985) oder die ‚Betelnuß-Theologie' von Nou Oru (1985) – eher spielerisch an. Die „Melanesian Association of Theological Schools" hat erst 1984 eine Konsultation organisiert, bei der es ausdrücklich um ‚melanesische Theologie' ging, doch die versammelten Theologiedozenten waren äußerst zurückhaltend und christologische Gesichtspunkte haben sich kaum ergeben (vgl. Melanesian Journal of Theology 1, 1985: 10–82). Wie Gaqurae (1985: 213) mit Recht bemerkt, handelt es sich vornehmlich um einen pastoralen, nicht um einen intellektuellen Prozeß. Dennoch gärt es wieder an den theologischen Ausbildungsstätten Melanesiens und des übrigen Pazifik (siehe den Überblick bei May, 1988 b), und wir dürfen erwarten, daß es in Zukunft auch im Medium europäischer theologischer Begrifflichkeit zu weiterführenden christologischen Aussagen kommen wird.

Doch das eigentlich Interessante geschieht längst. Wiederum sind es die Kirchenlieder und Predigten, die Erzeugnisse des Dorfes – der eigentlichen „Universität Melanesiens" (Narokobi, 1983: 53–60) – die uns zeigen, wie tief, sicher und auch schöpferisch die Aneignung Christi durch die Christen im Pazifik ist. „Wandelt nur im Geiste! Ruft keinen anderen Geist an!" heißt es im Lied „Lebt nur dem Herrn" des

Jas von Kabailo auf der Insel Karkar vor Madang, und dieser Geist weht durch andere Lieder seiner lutherischen Glaubensgenossen:

Oh, Dorfversammlung Christi,
Irdischen Reichtum solltet ihr von euch weisen,
Dieser Jesus ist euer Schatz:
Lasset uns gehen und eintreten.

O Jesus Christus,
Führe uns zum Sieg;
Zum Paradies, zum Dorf des Lebens,
Lasset uns gehen und eintreten.
(Los von Gedaged bei Madang)

O Christus, Du wurdest wie ich:
Du gabst mir Deinen Tod wegen meiner Geschwüre,
Du eiltest mir zu Hilfe, ja, genau wie ich.
(Los von Gedaged)

Jesus Christus: unsere Treuelosigkeit
Hat er in seinem Körper oben auf dem Baum
Getragen, auch unseren Schmutz.
Christen, hört dies!
(Jacob aus Siar bei Madang)

Eine neue Kirche wird als „Haus der Initiation" bezeichnet, als „Schulhaus", von dem aus die Namen von Anutu (Gott) und Jesus verbreitet werden sollen (Pah von Haidurem, Madang-Berge). Vom gleichen Dichter stammt ein Lied, das an „einem Ort des Fastens und der Initiation" komponiert wurde, wo der „Aufseher der Initiation der Allmächtige selber war", der in unvordenklichen Zeiten „den Adler (Christus?) auserkoren hat", um „seine Jünglinge zu führen". Auf vergleichbare Weise werden die Bora- oder Initiationszeremonien der Ureinwohner auf der Kap-York-Halbinsel an der Nordspitze Queenslands als „ähnlich wie Kirche" angesehen und entsprechend besungen und gemalt (vgl. Thompson, 1985; 1988).

Aus diesen Zeugnissen spricht der ganze Ernst der Suche nach dem Heil im Pazifik. Zumal die Melanesier empfinden eine geradezu kosmische Schuld, wenn sie erleben, daß ihre Ahnen nicht mehr für die Erneuerung des Lebens sorgen und die zwischenmenschlichen Beziehungen, die für sie schlechthin die Welt definieren, nicht aufrechterhalten werden (vgl. Fugmann, 1985: 86 ff.). Hier liegt die ‚Ursünde' für Melanesier, und hier muß auch wirksame Erlösung ansetzen. Doch für sie ist Religion vor allem Ritus, „eher eine Technik als eine geistliche Heilskraft" (Peter Lawrence, zit. bei Fugmann, 1985: 92). Weit davon entfernt, als ‚Quellen des Heils' angesehen zu werden, sind „Leiden und Unglück ganz und gar das Gegenteil zum Heil, denn sie beweisen, daß etwas schiefgelaufen ist" (93). Das für die ‚metakosmische' Religionsart typische Paradoxon des Kreuzes, in dem die rettende Liebe in der Gestalt des Scheiterns erscheint, leuchtet nur schwer ein, wenn es doch darum geht, über gut funktionierende Beziehungen Schutz vor bösem Zauber, Sieg über die Feinde und überlegenen Reichtum zu sichern. Die Qualität christlichen Glaubens, die sich im Pazifik vom Anfang an gezeigt hat, ist deshalb um so bewundernswerter.

Die Gestalt des „Christus Initiator" scheint tatsächlich viele Facetten dieses entstehenden Christentums in sich zu vereinigen: Anführer des neuen Exodus, Anfänger des neuen Glaubens, Anstifter und Meister der unausweichlich gewordenen Initiation. Dies gilt für uns alle im Pazifik, Schwarze, Weiße, Asiaten, wie Paliau Maloat in seinem Glaubensbekenntnis immer wieder hervorhebt: „Jesus ruft immer noch die weißen Männer und Frauen, die braunen Männer und Frauen, und die schwarzen Männer und Frauen. Er wartet immer noch auf uns alle ..." (May, Hrsg., 1985: 42). Doch was für ein Gebilde, welche Art von Versammlung soll aus diesem ‚Zusammenfluß vieler Gewässer' hervorgehen?

Schluß: Der pazifische Christus und die kommende Ökumene

Für viele, vielleicht die meisten Christen im Pazifik – die ja teils stark konfessionell, teils evangelikal bis fundamentalistisch geprägt sind – ist Jesus zum Christus Victor geworden, der in der Pose eines Häuptlings oder ‚bigman' über die Feinde – und das sind alle, die anders sind – triumphiert und sie in die Flucht schlägt. „Verbietet sie! Macht Gesetze gegen sie!" war die erste Reaktion des Melanesischen Kirchenrats auf das Sektenproblem. „Beten wir gegen den Geist des Islam!" rief ein erfahrener Laie aus, als die Evangelische Allianz die Schwierigkeiten Papua-Neuguineas mit dem indonesischen Nachbarn Irian Jaya besprach. Der vorläufige Höhepunkt dieser Einstellung war der gegen die Beteiligung von Indern an der gewählten Regierung gerichtete zweifache Putsch des Offiziers und Kirchenmitglieds Rabuka auf Fidschi 1987.

Während meiner Zeit in Papua-Neuguinea war es meine Aufgabe, mit viel Geduld, Lernbereitschaft und Einfühlungsvermögen die ökumenische Dimension, die zum Kern des neutestamentlichen

Glaubens gehört, in der theologischen Diskussion im Pazifik deutlicher werden zu lassen. Nach meiner Überzeugung braucht der Pazifik vielmehr den Christus Integrator, den Ganz- und Heilmachenden, der alle, auch Muslime und Buddhisten, auch Hindus und Kultanhänger, und nicht zuletzt die allgegenwärtigen Ahnen und Geister, zu ihrem wahren Selbst hinführt. Zu dieser Überzeugung gehört, daß der neue Pazifik dieses Christusverständnis auch hervorbringen kann, und zwar zum Wohle der ganzen Menschheit. Eine behauptete ‚Absolutheit', geschweige denn ‚Ausschließlichkeit' des christlichen Glaubens käme im faktischen pazifischen Kontext, in dem die verschiedensten und mitunter die ältesten Stämme, Kulturen und Glaubensweisen der Menschheit sich aufeinander zubewegen, einer Selbstverleugnung gleich. Gerade dies ist die Leistung des christlichen als eines ‚universalen' weil ‚metakosmischen' Glaubens: daß die zunächst bedrohliche ‚Fremdheit' anderer Menschen mit anderen Lebensgrundlagen dem im eigentlichen Sinne Glaubenden immer mehr zur ‚Heimat' (Richard Friedli) und damit zu eigen wird.

Ich möchte meinen, daß die Geringsten im Konzert der pazifischen Stimmen, die Ureinwohner Australiens, in diesem zentralen Punkt Entscheidendes zu geben haben, gerade sie, die mehr als alle anderen auf ihr ureigenes Land als einen heiligen Ort angewiesen sind. Denn dieses jeweils unverwechselbar eigene, an den ‚Gesanglinien' (Bruce Chatwin) entlang immer wieder ins Dasein gerufene Land wird gleichsam zum Sakrament des ‚Träumens', jener mythischen Schau, die zum Urgestein menschlichen Bewußtseins gehört und an der alle, die wahrhaft menschlich sind, letztlich teilhaben können.

Der geniale Methodist aus Tonga, Sione Havea, bietet einen weiteren, eigentümlich pazifischen Gesichtspunkt: Die Theologie im Pazifik wird nicht, wie in Europa, aus Krisen geboren, sondern sie entsteht beim Feiern (Havea, 1985). Es liegt im Zuge der Befreiung der Menschen im Pazifik aus alten Feindschaften und Ängsten, die Feier immer mehr zu erweitern, immer mehr Gäste einzuladen, bis sie dem Hochzeitsmahl im Evangelium ähnelt, bei dem gerade die Verachteten und Ausgestoßenen willkommen sind (vgl. Lk 14,15–24). Auf diesen zwei Grundlagen, der Erde mit ihren Lebensquellen und der sie feiernden und schonenden Gemeinschaft, könnte die christliche Theologie einen völlig neuen Akzent erhalten.

Ich wünschte mir, daß die nordatlantischen Christen diese südpazifischen Entwicklungen nicht deshalb übersehen, weil sie nur aus ‚einfachen Verhältnissen' stammen, von Völkern und Nationen, die klein, schwach und nach den Maßstäben der Mächtigen unbedeutend sind. Sie haben in ihren Traditionen vieles aufbewahrt, was die Europäer leichtsinnig und hochmütig verspielt haben; nun machen sie unser Wegwerf-Christentum zu ihrem neuen und kostbaren Erbe. Die Formulierung von der Bewahrung der Schöpfung gerade als Angelegenheit der Gerechtigkeit und des Friedens nach Eingaben von pazifischen Christen auf der Vollversammlung des Ökumenischen Rats der Kirchen in Vancouver 1983 zeigt, welch grundsätzliche theologische Impulse wir von den Christen im Pazifik – falls sie sich gegen die atomare Bedrohung und die forcierte Entwicklung behaupten – noch erhalten können.

Anhang

Abkürzungen

AASR	Australian Association for the Study of Religions
ANZSTS	Australian and New Zealand Society of Theological Schools
CCA	Christian Conference of Asia
JES	Journal of Ecumenical Studies
MATS	Melanesian Association of Theological Schools
MJT	Melanesian Journal of Theology
ÖRK	Ökumenischer Rat der Kirchen
PNG	Papua New Guinea
SPATS	South Pacific Association of Theological Schools
ZfM	Zeitschrift für Mission
ZMR	Zeitschrift für Missionswissenschaft und Religionswissenschaft

Literatur

Aerts, Theodoor (1983): Melanesian Gods, in: Bikmaus IV/2. Port Moresby: Institute of Papua New Guinea Studies

Ahrens, Theodor (1974): Christian Syncretism in the Southern Madang District, in: Catalyst 4, 3–40; wiederabgedr. als: Melanesian Institute Occasional Paper Nr. 7

Ahrens, Theodor/Murphy, Kevin, Hrsg. (1974): The Church and Adjustment Movements. Goroka: The Melanesian Institute = Point Nr. 1

Ahrens, Theodor/Knight James, Hrsg. (1977): Christ in Melanesia. Goroka: The Melanesian Institute

Ahrens, Theodor (1977): Kirche, Volkschristentum und Volksreligion in Melanesien, in: *Ahrens, Theodor/Hollenweger, Walter J.,* 11–72

Ahrens, Theodor/Hollenweger, Walter J. (1977): Volkschristentum und Volksreligion im Pazifik. Wiederentdeckung des Mythos für

den christlichen Glauben. Frankfurt/Main: Verlag Otto Lembeck = Perspektiven der Weltmission Bd. 4
Ahrens, Theodor (1987 a): Melanesian Healing and Wholeness, in: Point Nr. 2. Goroka: The Melanesian Institute, 30 – 41
Ahrens, Theodor (1987 b): Melanesische und biblische Perspektiven in der Erfahrung von Macht, in: *Bürkle, Horst,* Hrsg., 13 – 60
Ahrens, Theodor (1986): Unterwegs nach der verlorenen Heimat. Studien zur Identitätsproblematik in Melanesien. Erlangen: Verlag der Ev.-Luth. Mission = Erlanger Monographien aus Mission und Ökumene Bd. 4
Ahrens, Theodor (1988): Die Aktualität Christian Keyssers. Eine Fallstudie protestantischer Mission, in: ZfM 14, 94 – 110
Andrew, Brother (1984): A Psychiatrist Lokos at Religious Movements, in: *Flannery, Wendy,* Hrsg. (Bd. 3), 80 – 91
Anglican Diocese of Melbourne (1985): A Garden of Many Colours. The Report of the Archbishop's Commission on Multicultural Ministry and Mission. Melbourne: The Diocesan Registry
Apea, Simon (1985): Footprints of God in Ialibu, in: *May, John D'Arcy,* Hrsg., 216 – 255
Ashby, Brian (1982): New Zealand, in: *Motte, Mary/Lang, Joseph R.,* Hrsg., 557 – 569
Ataembo, Walter (1986): Melanesians, Indonesians, Australians in Dialogue, in: MJT 2, 106 – 109
Barr, James (1977): Fundamentalism. Philadelphia: Westminster Press
Barr, James (1982): Religious Fundamentalism, in: Current Affairs Bulletin 59/1 (Univ. of Sydney), 24 – 30
Barr, James (1984): Escaping from Fundamentalism. London: SCM
Barr, John (1983 a): A Survey of Ecstatic Phenomena and Holy Spirit Movements in Melanesia, in: Oceania 54, 109 – 132
Barr, John (1983 b): Spiritistic Tendencies in Melanesia, in: Flannery, Wendy, Hrsg. (bd. 2), 1 – 34
Barr, John (1984): The Age of the Spirit. An Introduction and Assessment of Contemporary Pentecostal-Charismatic Renewal Movements, in: Flannery, Wendy, Hrsg. (Bd. 3), 158 – 185
Barr, Kevin J. (1983): Revivalism in the Urban Situation: Port Moresby, in: *Flannery, Wendy,* Hrsg., 201 – 210
Batchelor, Peter (1981): People in Rural Development. Exeter: The Paternoster Press
Becken, Hans-Jürgen (1985): Wo der Glaube noch jung ist. Afrikanische unabhängige Kirchen im Südlichen Afrika. Erlangen: Verlag der Ev.-Luth. Mission

Berger, Peter L. (1976): Pyramids of Sacrifice: Political Ethics and Social Change. New York: Doubleday Anchor Press

Beyer, Ulrich (1988): Ein Volk zieht um. Indonesiens staatliches Umsiedlungsprogramm und die Kirchen. Frankfurt a. M.: Verlag Otto Lembeck

Bitterli, Urs (1976): Die ‚Wilden' und die ‚Zivilisierten'. Grundzüge einer Geistes- und Kulturgeschichte der europäisch-überseeischen Begegnung. München: Beck

Bos, Robert (1984): Land in the Bible. Darwin: Nungalinya College and Wontulp College

Boseto, Leslie (1985): „Your Kingdom Come": Bible Studies and Affirmations of a Melanesian Workshop, in: *May, John D'Arcy,* Hrsg., 95–123

Brennan, Frank, (1987): Land Rights: Shadows of the Past and Light of the Future, in: Nelen Yubu Nr. 31, 24–36

Brennan, Paul W. (1977): Let Sleeping Snakes Lie. Central Enga Traditional Religious Belief and Ritual. Adelaide: AASR = Special Studies in Religions Bd. 1

Bundervoet, Albert (1985): Liberation Theology in the Context of Papua New Guinea, in: MJT 1, 182–186

Bürkle, Horst, Hrsg. (1978): Theologische Beiträge aus Papua-Neuguinea. Erlangen: Verlag der Ev.-Luth. Mission

Burke, Maria/Minnemann, Jean (1985): Background Information on the Impact of the Introduction of Television, in: Catalyst 15, 276–285

Calvert, Lin (1983): A Renewal Movement in the United Church, Kapuna, Gulf Province, in: *Flannery, Wendy,* Hrsg., 189–194

Campion, Edmund (1982): Rockchoppers. Growing Up Catholic in Australia. Ringwood: Penguin Australia

Chao, John Paul (1985): Life in a Squatter Settlement. An Epistle to the Christians in PNG, in: Catalyst 15, 168–207; wiederabgedr. als: Melanesian Institute Occasional Paper Nr. 6

Christian Conference of Asia (1979): The Islamic Impact. Report of a Consultation on the Islamic Resurgence in Countries within the CCA Region. Singapore: CCA

Collins, Paul (1986): Mixed Blessings. The Roman Catholic Church in Australia. Ringwood: Penguin Australia

Crocombe, Ron (1976): The Pacific Way. An Emerging Identity. Suva: Lotu Pasifika

Deakin, Hilton (1982): Some Thoughts on Transcendence in Tribal Societies, in: *Dowdy, Edwin,* Hrsg., 95–109

Denoon, Donald/Lacey, Roderick, Hrsg. (1981): Oral Tradition in Melanesia. Port Moresby: University of Papua New Guinea; Institute of Papua New Guinea Studies

Dicker, Gordon (1979): Kerygma and Australian Culture: The Case of the Aussie Battler, in: *Hayes, Victor C.*, Hrsg., 46–52
Dodson, Pat (1985): Land is Life. Address to the National Press Club, Canberra. Alice Springs: National Federation of Land Councils (Ms.)
Dowdy, Edwin Hrsg. (1982): Ways of Transcendence. Insights from Major Religions and Modern Thought. Adelaide: AASR
Elkin, A. P. (1974): The Australian Aborigines. Sydney: Angus & Robertson, 4. rev. Aufl.
Fabella, Virginia, Hrsg. (1980): Asia's Struggle for Full Humanity: Towards a Relevant Theology. Papers from the Asian Theological Conference, January 7–20, 1979, Wennappuwa, Sri Lanka. Maryknoll: Orbis Books
Flannery, Wendy (1983): Bilip Grup. A contemporary religious movement among the Guhu-Samane people of the middle and lower Waria River valley, Morobe Province, in: *Flannery, Wendy,* Hrsg. (Bd. 2), 155–193
Flannery, Wendy, Hrsg. (1983): Religious Movements in Melanesia. A Selection of Case Studies and Reports. Goroka: The Melanesian Institute
Flannery, Wendy (1984): Mediation of the Sacred. The Authority of Ecstatic Religious Experiences and Dreams in Contemporary Melanesian ‚Spirit' Movements, in: *Flannery, Wendy,* Hrsg. (Bd. 3), 117–157
Flannery, Wendy, Hrsg. (1983–84): Religious Movements in Melanesia Today (3 Bd.). Goroka: The Melanesian Institute = Point Series Nr. 2–4
Forman, Charles W. (1982): The Island Churches of the South Pacific. Maryknoll: Orbis Books
Forman, Charles W. (1986): The Voice of Many Waters. The Story of the Life and Ministry of the Pacific Conference of Churches in the last 25 Years. Suva: Lotu Pasifika
Fugmann, Gernot (1977): Salvation Expressed in a Melanesian Context, in: *Ahrens, Theodor/Knight, James,* Hrsg., 122–133
Fugmann, Gernot (1984 a): Salvation in Melanesian Religions, in: *Mantovani, Ennio,* Hrsg., 279–296
Fugmann, Gernot (1984 b): Magic: A Pastoral Response, in: *Mantovani, Ennio,* Hrsg., 213–230
Fugmann, Gernot (1985): Fundamental Issues for a Theology in Melanesia, in: *Schwarz, Brian,* Hrsg., 72–103
Fugmann, Gernot, Hrsg. (1986 a): Ethics and Development in Papua New Guinea. Goroka: The Melanesian Institute = Point Series Nr. 9
Fugmann, Gernot, Hrsg. (1986 b): The Birth of an Indigenous Church.

Letters, Reports and Documents of Lutheran Christians of Papua New Guinea. Goroka: The Melanesian Institute = Point Series Nr. 10

Fugmann, Wilhelm (1986): The Socio-Economic Concern of the Church, in: *Wagner, Herwig/Reiner, Hermann,* Hrsg., 555–624

Fugui, Leslie (1986): Melanesian Sacrifice and Christianity, in: *Fugui, Leslie/Wright, Cliff,* Hrsg., 36–42

Gaqurae, Joe (1977): Indigenisation as Incarnation: The Concept of a Melanesian Christ, in: *Ahrens, Theodor/Knight, James,* Hrsg., 146–153; wiederabgedr. in: *May, John D'Arcy,* Hrsg. (1985) 205–217

Garland, Christopher (1986): Is Traditional Religion in Papua New Guinea Theistic? in: Catalyst 16, 127–145

Garrett, John (1982): To Live Among the Stars. Christian Origins in Oceania. Genf: ÖRK; Suva, Fidschi: Universität des Südpazifik

Garrett, John (1988): The Coups in Fiji: A Preliminary Social Analysis, in: Catalyst 18, 1–15

Gesch, Patrick V. (1979): Magic as a Process of Social Discernment, in: *Habel, Norman C.,* Hrsg., 137–148

Gesch, Patrick V. (1983): Initiation and Cargo Cults: The Peli Case, in: *Flannery, Wendy,* Hrsg. (Bd. 1), 94–103

Gesch, Patrick V. (1984): Cargo Cults: The Village-Christian Dialogue, in: *Flannery, Wendy,* Hrsg. (Bd. 3), 1–13

Gesch, Patrick V. (1985): Initiative and Initiation. A Cargo Cult-Type Movement in the Sepik Against Its Background in Traditional Village Religion. St. Augustin: Anthropos-Institut = Studia Instituti Anthropos Bd. 33

Giddings, Lynn (1986): Social Impact Study of the Yonki Hydro Scheme. Youth Rehabilitation Services Report, in: *Fugmann, Gernot,* Hrsg. (1986 a) 149–201

Giddings, Richard (1984): Land Tenure, in: *Whiteman, Darrell,* Hrsg., 149–172

Gondarra, Djinyini (1986): Let My People Go. Series of Reflections on Aboriginal Theology. Darwin: Bethel Presbytery, Northern Synod of the Uniting Church in Australia

Gondarra, Djinyini (1988): Father, You Gave Us the Dreaming. Darwin: Nungalinya College

Goulet, Denis (1986): Three Rationalities in Development Decision-making, in: World Development 14, 301–317

Goulet, Denis (1987): Ethics in Development Theory and Practice, in: Catalyst 17, 314–330

Habel, Norman C. (1977): The Survial of Yahwism, in: *Ahrens, Theodor/Knight, James,* Hrsg., 186–196

Habel, Norman C., Hrsg. (1979): Powers, Plumes and Piglets. Phenomena of Melanesian Religion. Adelaide: AASR
Hally, Cyril T. (1982): Australia, in: *Motte, Mary/Lang, Joseph R.*, Hrsg., 245–263
Hardawiryana, Robert (1982): Asia and Indonesia, in: *Motte, Mary/Lang, Joseph R.*, Hrsg., Mission in Dialogue. The Sedos Research Seminar on the Future of Mission, March 8–19, 1981, Rome, Italy. Maryknoll: Orbis Books
Havea, Sione 'Amanaki (1977): The Pacificness of Theology, in: Mission Review (wiederabgedr.)
Havea, Sione 'Amanaki (1985): Pacific Theology, in: Towards a Relevant Pacific Theology. Theological Consultation, Bergengren House, Suva, 8–12 July 1985, 21–24
Hayes, Victor C., Hrsg. (1977): Australian Esays in World Religions. Adelaide: AASR
Hayes, Victor C., Hrsg. (1979): Toward Theology in an Australian Context. Adelaide: AASR
Hayes, Victor C., Hrsg. (1980): Religious Experience in World Religions. Adelaide: AASR
Hayes, Victor C., Hrsg. (1986): Identity Issues and World Religions. Selected Proceedings of the Fifteenth Congress of the IAHR. Adelaide: AASR
Hollenweger, Walter J. (1972): The Pentecostals. London: SCM
Humphrey, Michael/Mograby, Abdallah, Hrsg. (1985): Islam in Australia. Proceedings of a Seminar held at Macarthur Institute of Higher Education, 18 May, 1985. Sydney: New South Wales Anti-Discrimination Board
Idusulia, Penuel Ben (1985): Biblical Sacrifice Through Melanesian Eyes, in: *May, John D'Arcy,* Hrsg., 256–303
Ireeuw, Trwar Max (1987): An Appeal for Melanesian Christian Solidarity, in: *Trompf, Garry W.*, Hrsg., 170–182
Ireland, Rowan (1980): Getting it Right: The Everyday Experience of Pentecostalism and Spiritualism in a Northeast Brazilian Town, in: *Hayes, Victor C.*, Hrsg., 145–159
Irwin, James (1980): Dreams and Visions as Religious Experiences in Polynesia: Three Cases of Pastoral Counselling, in: *Hayes, Victor C.*, Hrsg., 50–59
Irwin, James (1984): An Introduction to Maori Religion, Its Character Before European Contact and Its Survival in Contemporary Maori and New Zealand Culture. Adelaide: AASR = Special Studies in Religions Bd. 4
Jansen, G. H. (1979): Militant Islam. London; Sydney: Pan Books
Janssen, Hermann (1974 a): Religion und Säkularisierung, in: *Italiaander, Rolf,* Hrsg., 183–196

Janssen, Hermann (1974 b): What to Do? Missionary Attitudes to Cargo Cult Movements, in: *Ahrens, Theodor/Murphy, Kevin,* Hrsg., 157–175

Jojoga, Willington (1977): The Peroveta of Buna, in: *Trompf, Garry W.,* Hrsg., 127–142

Kamiali, Mogola (1986): Missionary Attitudes. A Subjective and Objective Analysis, in: MJT 2, 145–173

Kautil, Kasek (1974): The Wantok-System on Karkar Island. Lae: Martin Luther Seminary, B. Th. Thesis

Kautil, Kasek (1986 a): The Wantok-System on Karkar Island, in: Catalyst 16, 27–41

Kautil, Kasek (1986 b): Management and Accountability in Theological Education. *ATESA* Workshop, Singapore, July 10–17, 1985, in: MJT 2, 214–217

Kelly, Anthony (1979): Theology in an Australian Context: Towards „A Framework of Collaborative Creativity“, in: *Hayes, Victor C.,* Hrsg., 29–37

Knight, James (1979): Bona Gene: The Pig-Kill Festival of Numai (Simbu Province) – Tradition and Change, in: *Habel, Norman C.,* Hrsg., 173–193

Lawrence, Peter (1964): Road Belong Cargo. Manchester: The University Press

Lengsfeld, Peter, Hrsg. (1980): Ökumenische Theologie. Ein Arbeitsbuch. Stuttgart: Kohlhammer

Levine, Hal B./Levine, M. W. (1979): Urbanization in Papua New Guinea: A Study of Ambivalent Townsmen. Cambridge University Press

Lini, Walter (1987): Christians in Politics, in: *Trompf, Garry W.,* Hrsg., 183–185

Loeliger, Carl (1981): Oral Sources and Old Testament Texts, in: *Denoon, Donald/Lacey, Roderick,* Hrsg., 88–100

Loeliger, Carl/Trompf, Garry W., Hrsg. (1985): New Religious Movements in Melanesia. Suva: University of the South Pacific; Port Moresby: University of Papua New Guinea

MacDonald, Mary (1983): Possibilities for a Christian Ministry of Healing in Melanesia, in: Christ the Life of Papua New Guinea. Goroka: The Melanesian Institute = Occasional Paper Nr. 1, 38–49

MacDonald, Mary (1984): Magic, Medicine and Sorcery, in: *Mantovani, Ennio,* Hrsg., 195–211

McGregor, Donald E. (1982): The Fish and the Cross. Goroka: The Melanesian Institute = Point Series Nr. 1, 2. Auflage, rev. von Oswald G. Fountain

Mantovani, Ennio (1977): A Fundamental Melanesian Religion, in: *Ahrens, Theodor, und Knight, James* Hrsg., 154–165
Mantovani, Ennio (1983 a): God's Word and the Ancestors' Response, in: Christ the Life of Papua New Guinea. Goroka: The Melanesian Institute = Occasional Paper Nr. 1, 4–14
Mantovani, Ennio (1983 b): Christ our Life, in: Christ the Life of Papua New Guinea. Goroka: The Melanesian Institute = Occasional Paper Nr. 1, 28–37
Mantovani, Ennio Hrsg. (1984): An Introduction to Melanesian Religions. A Handbook for Church Workers. Goroka: The Melanesian Institute = Point Series Nr. 6
Mantovani, Ennio (1984 a): Traditional Values and Ethics, in: *Whiteman, Darrell,* Hrsg., 195–212
Mantovani, Ennio (1984 b): Traditional Religions and Christianity, in: *Mantovani, Ennio,* Hrsg., 1–22
Mantovani, Ennio (1984 c): What is Religion? in: *Mantovani, Ennio,* Hrsg., 23–47
Mantovani, Ennio (1985): Celebrations of Cosmic Ritual, in: *Mantovani, Ennio,* Hrsg., 147–168
Mantovani, Ennio (1986 a): Mipela Simbu! The Pig Festival and Simbu Identity, in: *Hayes, Victor C.,* Hrsg., 104–205
Mantovani, Ennio (1986 b): Is There a Biocosmic Religion? A Reply to Dr. Garland, in: Catalyst 16, 352–366
Mantovani, Ennio (1987 a): Reflections on the Analysis of Data from the MFL Project, in: Catalyst 17, 76–92
Mantovani, Ennio (1987 b): MFL Project Reports: What do PNG Communities Feel about Children and Education? in: Catalyst 17, 389–395
Mantovani, Ennio (1987): Marriage in Melanesia: A Theological Perspective. Goroka: The Melanesian Institute = Point Series Nr. 11
Marsden, George (1981): Fundamentalism in American Culture. New York: Oxford University Press
Mason, Michael/Fitzpatrick, Georgina (1982): Religion in Australian Life. A Bibliography of Social Research. Adelaide: AASR/National Catholic Reserach Council
Matheson, Alan (1982): Australia and the South Pacific: An Overview of the Issues, in: ÖRK (1982 b) 25–37
May, John D'Arcy (1977): Der Lotos in der Wüste. Der Aufbruch der Religionswissenschaft in Australien, in: ZMR 62, 134–143
May, John D'Arcy (1979): Fehlt dem Christentum ein Verhältnis zur Natur? Eine Analyse der Seligpreisungen (Mt 5,2–12) und der Feuerpredigt des Buddha (Samy XXXV, 28), in: Una Sancta 34, 159–171

May, John D'Arcy (1980): Consensus in Religion. An Essay in Fundamental Ecumenics, in: JES 17, 407–431
May, John D'Arcy/Stobbe, Heinz-Günther (1980): Übereinstimmung und Handlungsfähigkeit. Zur Grundlage ökumenischer Konsensbildung und Wahrheitsfindung, in: *Lengsfeld, Peter,* Hrsg., 301–337
May, John D'Arcy (1984): Meaning, Consensus and Dialogue in Buddhist-Christian Communication. A Study in the Construction of Meaning. Bern: Peter Lang = Studien zur interkulturellen Geschichte des Christentums Bd. 31
May, John D'Arcy, Hrsg. (1985): Living Theology in Melanesia: A Reader. Goroka: The Melanesian Institute = Point Series Nr. 8
May, John D'Arcy, (1985): Whatever Happened to the Melanesian Council of Churches? A Study in Ecumenical Organisation, in: MJT 1, 138–157
May, John D'Arcy, (1986 a): The Autonomous Church in Independent Papua New Guinea, in: *Wagner, Herwig/Reiner, Hermann,* Hrsg., 307–326
May, John D'Arcy, (1986 b): The Prospects of ‚Melanesian Theology', in: Catalyst 14, 290–301
May, John D'Arcy, (1986 c): Christian Fundamentalism and Melanesian Identity. Goroka: The Melanesian Institute = Occasional Paper Nr. 3
May, John D'Arcy, (1987 a): Kontextuelle Theologie in Melanesien, in: ZMR 71, 279–291
May, John D'Arcy, (1987 b): World Vision: Partner or Problem? in: Times of PNG, 19–25 Feb. 19
May, John D'Arcy, (1987 c): The Ethics of Development. 17th Waigani Seminar, University of Papua New Guinea, 7–12 September, 1986, in: MJT 3, 54–63
May, John D'Arcy, (1987 d): Towards the Development of Ethics, in: Catalyst 17, 235–251
May, John D'Arcy, (1988 a): Integral Ecumenism: Sri Lanka, Papua New Guinea and Ireland, in: Doctrine and Life 38, 190–198
May, John D'Arcy, (1988 b): Integral Ecumenism, in: JES 25 (513–591)
Meakoro, Evera (1983): A Pastor's Response to the Kapuna Renewal Movement, in: *Flannery, Wendy,* Hrsg., 195–200
Melanesian Council of Churches (1988), in: *Thurian, Max,* Hrsg.: Churches Respond to BEM. Official Responses to the „Baptism, Eucharist and Minitry" Text, Vol. 5. Genf: ÖRK = Faith and Order Paper 143, 179–185
Melanesian Institute (1985): Muslim-Christian Dialogue in Melanesia, in: MJT 1, 91–96

Miklouchο-Maclay, Nikolai (1977): New Guinea Diaries, 1871 – 1883. Madang: Kristen Pres, übers. von C. L. Sentinella, 2. Aufl.
Momis, John (1975): Values for Involvement: Theology and Politics, in: Catalyst 5, 3 – 8; *May, John D'Arcy*, Hrsg. (1985) 78 – 94
Momis, John (1982): The Role of Papua New Guinea in the Pacific, in: ÖRK (1982 b) 55 – 57
Momis, John (1986 a): Towards a Responsible, Accountable and Ethical Administrator, in: *Fugmann, Gernot*, Hrsg. (1986 a) 141 – 148
Momis, John (1986 b): The Dimming Vision: Papua New Guinea Ten Years After Independence, in: National Outlook, July, 19 – 21
Momis, John (1987): The Christian Vision of a New Society, in: *Trompf, Garry W.*, Hrsg., 157 – 165
Mrossko, Kurt-Dietrich, Hrsg. (1986): Wok Misin. 100 Jahre deutsche Mission in Papua-Neuguinea. Neuendettelsau: Missionskolleg im Missionswerk der ELKB
Naipaul, V. S. (1981): Among the Believers: An Islamic Journey. London: André Deutsch
Namunu, Simeon (1983): Charismatic Renewal on the Gazelle Peninsula, in: *Flannery, Wendy*, Hrsg. (Bd. 2), 54 – 71
Namunu, Simeon (1984): Spirits in Melanesia and the Spirit in Christianity, in: *Flannery, Wendy*, Hrsg. (Bd. 3), 92 – 116
Namunu, Simeon (1987): Spirits in Melanesian Tradition and Spirit in Christianity, in: Trompf, Garry W., Hrsg., 109 – 118
Narokobi, Bernard (1977): What is Religious Experience for a Melanesian? in: *Ahrens, Theodor/Knight, James* Hrsg., 7 – 12; *May, John D'Arcy*, Hrsg. (1985) 69 – 77
Narokobi, Bernard (1980 a): A Truly Noble Death, in: Catalyst 10, 149 – 161; *May, John D'Arcy*, Hrsg., 54 – 66; *Wright, Cliff/Fugui, Leslie*, Hrsg., 26 – 35
Narokobi, Bernard (1980 b): The Melanesian Way. Port Moresby: Institute of Papua New Guinea Studies
Narokobi, Bernard (1983): Life and Leadership in Melanesia. Port Moresby: Institute of Papua New Guinea Studies; Suva: Institute of Pacific Studies
Narokobi, Bernard (1986): The Old and the New, in: *Fugmann, Gernot*, Hrsg. (1986 a), 3 – 16
Narokobi, Bernard (1987): Christianity and Melanesian Cosmos: The Broken Pearls and a Newborn Shell, in: *Trompf, Garry W.*, Hrsg., 32 – 37
Narokobi, Bernard (1989): Lo Bilong Yumi Yet. Law and Custom in Melanesia. Goroka: The Melanesian Institute; Suva: University of the South Pacific = Point Series Nr. 12
O'Collins, Maeve, Hrsg. (1986): Youth and Society: Perspectives from

Papua New Guinea. Canberra: Department of Political and Social Change Monograph 5

Ökumenischer Rat der Kirchen (1982 a): Pacific Regional Consultation on the Christian Understanding of Health, Healing and Wholeness, Madang, Papua New Guinea, 23 – 29 October 1981. Genf: Christian Medical Commission des ÖRK

Ökumenischer Rat der Kirchen (1982 b): Political Issues Linking the Pacific and Asia. Reports and Papers of a Regional Consultation of the CCIA/WCC in collaboration with the Pacific Conference of Churches and the Christian Conference of Asia, Manila, Philippines, 28. September – 3. October 1981

Oru, Nou (1986): Betel-nut Sharing and Christian Fellowship, in: *Fugui, Leslie/Wright, Cliff,* Hrsg., 70 – 78

Otto, Eckhart (1988): „Wir wollen den Wald und fürchten dennoch seine Geister" – Beobachtungen zur Rezeption des Alten Testaments in Melanesien, in: ZfM 14, 70 – 82

Passi, Dave (1987): From Pagan to Christian Priesthood, in: *Trompf, Garry W.,* Hrsg., 45 – 48

Pech, Rufus (1977): An Early Indigenous Theology – Expressed in Worship, in: *Ahrens, Theodor/Knight, James,* Hrsg., 87 – 121

Pech, Rufus (1979): Myth Dream and Drama: Shapers of a People's Quest for Salvation. Columbus, Ohio: Trinity Lutheran Seminary STM Thesis

Pech, Rufus (1985 a): The Acts of the Apostles in Papua New Guinea and Solomon Islands, in: *Schwarz, Brian,* Hrsg., 17 – 71

Pech, Rufus (1985 b): The Name of God in Melanesia, in: MJT 1, 30 – 46

Pieris, Aloysius (1980): Towards an Asian Theology of Liberation: Some Religio-Cultural Guidelines, in: *Fabella, Virginia,* Hrsg., 75 – 95

Pogolamun, M. A. u. a. (1985): Irian Jaya: Amungme People Facing the Modern World, in: Catalyst 15, 109 – 119

Pokawin, Polonhou (1983): Wing, Wang, Wong: Developments in the Paliau Movement, in: *Flannery, Wendy,* Hrsg. (Bd. 1), 104 – 114

Qaeze, Pierre (1987): Can I Remain a Christian in New Caledonia? in: *Trompf, Garry W.,* Hrsg., 186 – 191

Reilly, John (1982): Australia, in: *Motte, Mary/Lang, Joseph R.,* Hrsg., 201 – 215

Reitz, Gerhard O. (1986): Partnership Across Oceans. The American Lutheran Church, in: *Wagner, Herwig/Reiner, Hermann,* Hrsg., 141 – 186

Ritschl, Dietrich (1981): Theologie in neuen Welten. Analysen und Berichte aus Amerika und Australien. München: Chr. Kaiser = Theologische Existenz heute Bd. 209

Rondo, Pierre (1982): The Militant Fundamentalist Current in the Muslim Community. Brüssel: Pro Mundi Vita Bulletin Nr. 89

Schwarz, Brian (1984 a): Cargo Movements, in: *Mantovani, Ennio,* Hrsg., 231–253

Schwarz, Brian (1984 b): Urbanization, in: *Whiteman, Darrell,* Hrsg., 231–256

Schwarz, Brian Hrsg. (1985): An Introduction to Ministry in Melanesia. A Handbook for Church Workers. Goroka: The Melanesian Institute = Point Series Nr. 7

Schwarz, Brian (1986 a): The Ecumenical Setting, in: *Wagner, Herwig/ Reiner, Hermann,* Hrsg., 329–355

Schwarz, Brian (1986 b): Two Seminars on Lutheran Renewal, in: Catalyst 16, 251–254

Sidoti, Christopher (1982): The Australian Church, in: *Motte, Mary/ Lang, Joseph R.,* Hrsg., 602–615

Simatupang, T. B. (1979): Political Aspects of the Islamic Resurgence – With Focus on Asia, in: Christian Conference of Asia, 6–18

Siwatibau, Suliana; Williams, B. David (1982): A Call to a New Exodus. An Anti-Nuclear Primer for Pacific People. Suva: Pacific Conference of Churches

Stanner, W. E. H. (1976): Some Aspects of Aboriginal Religion, Nachdruck aus: Colloquium, Journal of the ANZSTS, 19–35

Steinbauer, Friedrich (1971): Melanesische Cargo-Kulte. Neureligiöse Heilsbewegungen in der Südsee. München: Delp

Stephen, Michelle (1980): Dream, Trance and Spirit Prossession: Traditional Religious Experiences in Melanesia, in: *Hayes, Victor C.,* Hrsg., 25–49

Stephen, Michelle (1979): Sorcery, Magic and the Mekeo World View, in: *Habel, Norman C.* Hrsg., 149–160

Stockton, Eugene D. (1986): The Plight of Catholic Missions in Australia, in: Nelen Yubu Nr. 27, 20–29

Stratigos, Susan; Hughes, Philip J., Hrsg. (1987): The Ethics of Development: The Pacific in the 21st Century. Papers from the 17th Waigani Seminar, 7–12 September 1986, Bd. 1. Port Moresby: University of Papua New Guinea Press

Strehlow, T. G. H. (1978): Central Australian Religion. Personal Monototemism in a Polytotemic Society. Adelaide: AASR = Special Studies in Religions Bd. 2

Strelan, John G. (1977 a): Search for Salvation: Studies in the History and Theology of Cargo Cults. Adelaide: Lutheran Publishing House

Strelan, John G. (1977 b): Eschatology, Myth and History in Melanesia, in: *Ahrens, Theodor/Knight, James,* Hrsg., 197–207

Strelan, John G. (1986): New Challenges. Traditional and New

Religious Movements, in: *Wagner, Herwig/Reiner, Hermann,* Hrsg., 469–495
Suzuki, Yuji (1982): The Role of Japan in the Asian and Pacific Region, in: ÖRK (1982 b) 23–24
Swadling, Pamela, Hrsg. (1981): Papua New Guinea's Prehistory: An Introduction. Port Moresby: National Museum and Art Gallery
Swain, Tony (1985): Interpreting Aboriginal Religion. An Historical Account. Adelaide: AASR
Swain, Tony (1988): The Ghost of Space. Reflections on Warlpiri Christian Iconography and Ritual, in: *Swain, Tony/Rose, Deborah Bird,* Hrsg., 452–469
Swain, Tony; Rose, Deborah Bird, Hrsg. (1988): Aboriginal Australians and Christian Missions. Ethnographic and Historical Studies. Adelaide: AASR
Tabbernee, William Hrsg. (n.d.): Australian Churches' Response to Baptism, Eucharist and Ministry. Sydney: Australian Council of Churches, Faith and Order Commission
Tambiah, S. J. (1970): Buddhism and the Spirit Cults in North-east Thailand. Cambridge University Press
Thomas, Guboo Ted (1987): The Land is Sacred: Renewing the Dreaming in Modern Australia, in: *Trompf, Garry W.,* Hrsg., 90–94
Thompson, David (1985): ‚Bora is like Church': Aboriginal Initiation and the Christian Church at Lockhart River, Queensland. Sydney: Australian Board of Missions, 2. rev. Aufl.
Thompson, David (1988): Bora, Church and Modernization at Lockhart River, Queensland, in: *Swain, Tony/Rose, Deborah Bird,* Hrsg., 263–276
Tietze, Reinhard (1980): Village Motivators, in: Catalyst 10/1
Tietze, Reinhard (1985): Ministering for Development, in: *Schwarz, Brian,* Hrsg., 262–278
Tjibaou, Jean-Marie (1982): Kanak Independence and the Future of the Whole Pacific, in: ÖRK (1982 b) 58–62
Tonkinson, Robert (1988): Reflections on a Failed Crusade, in: *Swain, Tony/Rose, Deborah Bird,* Hrsg., 60–73
To Vaninara, Caspar (1985): Melanesian Stepping Stones for the Preaching of the Kingdom, in: *May, John D'Arcy,* Hrsg., 132–171
Townsend, Patricia K. (1985): The Situation of Children in Papua New Guinea. A Report Prepared by the Papua New Guinea Institute of Applied Social and Economic Research for the Department of Finance and Planning, Port Moresby
Trompf, Garry W. (1977): Secularisation for Melanesia? in: *Ahrens, Theodor/Knight, James,* Hrsg., 208–225

Trompf, Garry W., Hrsg. (1977): Prophets of Melanesia. Six Essays. Port Moresby: Institute of Papua New Guinea Studies; Suva: Institute of Pacific Studies

Trompf, Garry W. Religion and Money: Some Aspects. Adelaide: AASR = Charles Strong Memorial Trust Young Australian Scholar Lecture Series Nr. 1

Trompf, Garry W. (1983): Independent Churches in Melanesia, in: Oceania 54, 51 – 72

Trompf, Garry W. (1984): What Has Happened to Melanesian Cargo Cults? in: *Flannery, Wendy,* Hrsg. (Bd. 3), 29 – 51

Trompf, Garry W. (1985): „Can Anything Good Come Out of Baruni?“ Some Comments on Christian and Traditional Healing in Melanesia, in: Catalyst 15, 286 – 295

Trompf, Garry W., Hrsg. (1987): The Gospel is Not Western. Black Theologies from the Southwest Pacific. Maryknoll: Orbis Books

Turner, Harold (1977 a): New Religious Movements in Primal Societies, in *Hayes, Victor C.,* Hrsg., 38 – 48

Turner, Harold (1977 b): The Primal Religions of the World and their Study, in: *Hayes, Victor C.,* Hrsg., 27 – 37

Tuza, Esau (1977): Silas Eto of New Georgia, in: *Trompf, Garry W.,* Hrsg., 65 – 87

Tuza, Esau (1982): Life – An Attitude to Living: A Cultural Viewpoint from the Solomon Islands, in: ÖRK (1982 a) 21 – 26

Tuza, Esau (1985): Silas Eto, the ‚Holy Mama‘, and the Christian Fellowship Church, in: MJT 1, 71 – 77

Tuza, Esau (1987): The Demolition of Church Buildings by the Ancestors, in: *Trompf, Garry W.,* Hrsg., 67 – 89

Wagner, Herwig (1986): Papua-Neuguinea – Ein Beispiel übernationaler Zusammenarbeit in der Mission, in: *Mrossko, Kurt-Dietrich,* Hrsg., 123 – 134

Wagner, Herwig/Reiner, Hermann, Hrsg. (1986): The Lutheran Church in Papua New Guinea. The First Hundred Years, 1886 – 1986. Adelaide: Lutheran Publishing House

Wagner, Herwig/Fugmann, Gernot/Janssen, Hermann, Hrsg. (1989): Papua-Neuguinea – Gesellschaft und Kirche. Ein ökumenisches Handbuch. Neuendettelsau: Freimund-Verlag; Erlangen: Verlag der Ev.-Luth. Mission

Walcot, Kevin (1987): The Church and the Electronic Media: Broad or Narrow? in: Catalyst 17, 5 – 19

Whiteman, Darrell (1983): Melanesians and Missionaries: An Ethnohistorical Study of Social and Religious Change in the Southwest Pacific. Pasadena: William Carey Library

Whiteman, Darrell Hrsg. (1984): An Introduction to Melanesian

Cultures. A Handbook for Church Workers. Goroka: The Melanesian Institute = Point Series Nr. 5
Whiteman, Darrell (1984 a): Melanesian Religions: An Overview, In: *Mantovani, Ennio,* Hrsg., 87 – 121
Whiteman, Darrell (1984 b): What is Culture? in: *Whiteman, Darrell,* Hrsg., 1 – 28
Willis, Peter (1988): Riders in the Chariot: Aboriginal Conversion to Christianity at Kununurra, in: *Swain, Tony/Rose, Deborah Bird,* Hrsg., 308 – 320
Wilson, Bryan (1973): Magic and the Millennium. London: Heinemann
Wilson, Bryan (1976): Contemporary Transformations of Religion. Oxford University Press
Wilson, Martin (1979): New, Old and Timeless. Pointers Towards an Aboriginal Theology. Kensington: Chevalier Press
Wilson, Martin (1988): Ministry Among Aboriginal People. Melbourne: Collins Dove
Worsley, Peter (1957): The Trumpet Shall Sound. London: MacGibbon & Kee
Wright, Cliff; Fugui, Leslie, Hrsg. (1985): Christ in South Pacific Cultures. Articles by South Pacific Islanders About the Relationship of Traditional Culture to Christian Faith. Suva: Lotu Pasifika

Personenregister